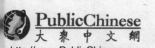

大众中文网在线课程配套系列教材
PublicChinese online course book series

商务汉语

[高级]

Business Chinese
[Advanced]

大众中文网系列教材编写委员会

总 顾 问　贾益民　丘　进

主　　任　Joe Wang

成　　员　吕　洋　申　立　代红敏

　　　　　何艳萍　李幽燕

美术责编　代红敏

插图绘制　田　颖

审　稿　吕　洋

湖南科学技术出版社
Hunan Science & Tcehnology Press

Our website:

www.publicchinese.com: Chinese Learning Can Be Fun!

As a interesting and authoritative Chinese learning website, PublicChinese is your faithful Chinese learning guide. We will accompany you on your journey into the Chinese language and Chinese culture. We are serious but also light-hearted and interactive.

We have Chinese News, pod, learning center, culture, Buddies, Blogs, Online radio.and so on....all aiming to provide abundant material for fun learning.

Online courses and PublicChinese activity are columns that need your participation. Our Chinese Forum is where you can ask questions concerning language learning.

Learning Chinese with PublicChinese can be great fun. Just do it.

Preface

With the rapid economic development and the continuous growth of the comprehensive national strength, China, the ancient oriental country, is showing to the whole world her colorful and charming culture throughout the past 5 thousand years. As China developing, Chinese Language has gradually displayed its value, Chinese teaching and study has become a popular subject. Now various course books for Chinese teaching are available for the learners, but to meet their actual situation and demand, it's extremely important to choose a proper course book.

PublicChinese Online Course Book Series are published under the above consideration; the books are strong oriented, specialized and high quality. The book series include Basic Chinese, Business Chinese and Traveling Chinese. Basic Chinese is intended to those beginners without any basis of Chinese language, it provides learners abundant contents and interesting lessons with words, simple dialogues and exercises, aiming to let learners properly use this language. Business Chinese is involved in all aspects of commercial exchanges with China, helping learners improve their communicative competence in business with native Chinese. To meet the need of friends coming for 2008 Olympic Games in Beijing, Traveling Chinese is solely designed for travelers, it will enable learners to master the basic and practical language skills, so that they can enjoy the traveling of Olympic Games more freely.

On the basis of PublicChinese's online teaching platform, the book series combine the online courses to give learners an easy and joyful

商务
汉语

studying experience. PublicChinese's online teaching platform adopts the most leading internet technologies, it has set up an open window for Chinese language and culture exchange. In the mean time, PublicChinese joins all universities (e.g. Jinan University) to establish the Chinese language-teaching base, which is profound to the spread of Chinese language and culture.

By Jia Yimin*

* About Professor Jia Yimin:

The senior consultant of PublicChinese, Professor, Vice-chancellor of Jinan University, Chief editor and multimedia CD Producer of Zhong Wen (This teaching material which surpasses 7 million all over the world). Leader of the Chinese Language Education Academe, Director of International Centre of Chinese Language Promoting, Chief editor of College of Chinese Language Transaction and Guangzhou Huayuan. Administrative syndic of The International Society for Chinese Language Teaching, Secretary-General of the South China Branch of the World Chinese Language Teaching Society, Visiting research fellow at Xiamen University, Honorary professor of Zhongshan Research Institute, San Francisco.

Professor Jia Yimin's literature: Zhong Wen (Chief editor),Comparative Literature and Modern Literature(monograph), Literary Theory(associate editor), Comparative Comparative Literature and Aesthetics(associate editor), Language and Culture(editor), primary Chinese language (Editor and Producer). Jia Yimin is a professional mentor of Linguistics and Literature postgraduate students; he has published more than 30 articles and research papers.

序

　　五千年的文明古国有着巨大的文化魅力，随着中国经济的飞速发展和综合国力的日益提升，"汉语热"在世界范围内持续升温，汉语的实用价值亦日益凸现。汉语教学与习得研究则成为一门显学，各级各类汉语教材的编写与应用也更加倍受注目。教材选择对于学习者是十分重要的。汉语学习者找到一套适合自己的汉语教材是提高汉语学习兴趣和学习水平的一个重要因素。

　　大众中文学习系列教材的推出顺应了世界各国朋友学习汉语的现实需要，是对"汉语热"的热烈响应。该系列教材是一套针对性强、特点鲜明、质量上乘的好教材。它包括《基础汉语》、《商务汉语》和《旅游汉语》等。其中，《基础汉语》针对初学者的心理特征，充分考虑了"零起点"学习汉语的特点，并结合不同的内容和教学重点，提供了丰富多样、寓教于乐的课程，配备单词、对话、练习及句型作为教学内容，培养初学者的基础汉语应用能力；《商务汉语》涉及与中国商务交往的各个环节，包括初次见面的介绍、与中国人谈生意的常用语句等，为商务汉语教学提供了大量真实、生动的素材，使学员能够在体验商务活动中学习语言，提高涉华商务活动中的汉语交际能力。为迎接 2008 年北京奥运会，满足世界各国朋友来中国旅游时的汉语需要，《旅游汉语》从"学"和"游"两方面进行教学设计，让学员在短时间内掌握最基本的交际用语和语言的基础知识，并在旅游实际运用中验证学习效果。

　　该系列教材依托于大众中文网平台，教材结合网上课程教学，使汉语教学事半功倍。该平台运用先进的互联网技术，通过音频、视频等丰富的多媒体表现方法实现在线汉语教学，并紧密聚合了全世界想学汉语和想教汉语的人们，成为中华语言文化传播的一扇窗户。同时，该平台还积极与高等院校(如暨南大学)合作,联合打造汉语教学基地,探索校企合作办学的道路,这对推动中华语言文化传播都是具有积极意义的。

是为序。

贾益民*

---

　　* 贾益民　大众中文网高级顾问,现任暨南大学副校长、董事,《中文》教材主编(该教材已在全世界 50 多个国家发行 700 余万册)、《中文》多媒体光盘主编兼总策划。兼任暨南大学华文教育研究所所长、汉语国际推广中心主任、《华文学院学报》和《广州华苑》主编。兼任中国对外汉语教学学会常务理事兼华南分会秘书长、世界汉语教学学会理事、广东省对外汉语教学研究会副会长、厦门大学海外华文教育研究所客座研究员、美国三藩市中山综合研究院名誉教授等。主要论著有《中文》(主编)、《比较文学与现代文艺学》(专著)、《文学理论》(副主编)、《比较文学与比较美学》(副主编)、《语言与文化论集》(主编)、《初级华语》(主编兼总策划)等。贾益民教授是文艺学及语言学专业硕士研究生导师,发表科研论文 30 余篇。

Introduction

<Business Chinese >is for the people who doing business in China are often frustrated by the language difficulties, to say nothing of huge cultural and business practice differences. With this in mind, we created three different levels of Business courses. They are elementary, intermediate and advanced level. The fifty–five chapters are organized around a commercial delegation to China, using realistic dialogues and simple sentence patterns in simplified characters and pinyin Romanization.

Each chapter includes valuable cultural notes to help avoid embarrassing mistakes, etiquette tips, exercises, English translations, and more. We also have the Online Business Chinese course, you may visit our website www. publicchinese.com if you wish to study online.

Professor Jia Yi–min read the manuscript, and had made many useful suggestions for the books, he was the one who wrote the preface too. Dr Qiu Jin,the Secretary of Culture & Education Publicity Office, Overseas Chinese Affairs Department of The State Council, gave a number of constructive guidance to the preparation of the book series. The staff of PublicChinese, Joe Wang, Yang Lv, Li Shen, Hongmin Dai, Youyan Li and others who made a lot of efforts for the publishing, we'd like to express my heartfelt thanks to all of them.

Best wishes to your Business Chinese study!

Publie Chinese editorial board

前　言

　　商务汉语是根据语言有交际情景与交际功能属性的原理，采用了在线学习和线下培训相结合的教学体系。以商务用语为主要内容，包括订货洽谈、价格谈判、生意成交、签署合同等…内容丰富，涉及面广，切近生活，实际有用。而教材的词汇、句型及难易程度，又都与初学者的实际水平相符。紧密结合语言学习和企业管理知识，全面提高汉语学习者的语言运用能力。

　　本教材适用于零起点的经商人员自学学习，可在短时间内快速掌握常用语言，以满足日常生活、商务旅行的需要。该教材分为(初级、中级和高级)三册，采用了低起点，大容量，高密度，分阶段而有大步推进的强化训练教学法。

　　贾益民教授审读了书稿，提出了许多有益的建议并欣然作序。国务院侨务办公室文教宣传司司长丘进博士为本系列教材的编纂给予了许多建设性的指导。作为大众中文网的工作人员，Joe Wang、Yang Lv、Li Shen、Hongmin Dai、Youyan Li 等人为教材的面世做出了很多的努力，在此致以衷心谢忱。这本教材，从内容到形式，都有很多不完善，不成熟的地方，还需要在今后的教学实践中作更深入的探索与研究，希望可以听到同行教师和所有学习商务汉语的朋友们的批评和意见。

大众中文网教材编委会

Contents 目录

Business Chinese Advanced
商务汉语 高级

商务
汉语

Contents 目录

Business Chinese Advanced
商务汉语 高级

Business
Chinese

商务
汉语

第一课　招商引资会
Dìyīkè Zhāoshāng Yǐnzīhuì

Lesson One
Investment Inviting Meeting

课文名称 Lessons Name	招商引资会 Zhāoshāng Yǐnzī huì Investment inviting meeting
简单描述 Brief Introduction	彼特陪同布朗经理参加某经济开发区的招商引资会。 Pǐtè péitóng Bùlǎng jīnglǐ cānjiā mǒu jīngjì kāifā qū·de zhāoshāng yǐnzī huì。 Peter is accompanying Manager Brown to take part in an investment inviting meeting held by an economic developing zone.
学习目标 Study Objective	了解中国的招商引资会。 Liǎo jiě Zhōngguó·de Zhāo shāng yǐnzī huì。 To learn about Chinese investment inviting meeting

学习时间 Learning Time	50分钟 50 fēn zhōng 50 mins
在线课程网址 Online Course	www.publicchinese.com

课文 Text

刘天奇：欢迎您，布朗先生！

Liú Tiānqí: Huānyíng nín, Bùlǎng xiān·sheng!

Liu Tianqi: Welcome, Mr. Brown!

布朗：刘主任，您好，你们的会开得很好，很受大家欢迎。

Bùlǎng: Liú zhǔrèn, nǐ·men·de huì kāi·de hěn hǎo, hěn shòu dàjiā huānyíng。

Brown: Good to see you, Director Liu. The meeting is well-organized. And it is welcomed by all.

刘天奇：哪里，哪里，多谢你们这些企业家的捧场。

Liú Tiānqí: Nǎ·lǐ, nǎ·lǐ, Duō xiè nǐ·men zhèxiē qǐyèjiā·de pěng chǎng。

Liu Tianqi: Thanks a lot! Thanks for your coming!

彼特：刘主任，不知你们开发区的投资环境怎样？

Pǐtè: Liú zhǔrèn, bù zhī nǐ·men kāifāqū·de tóuzī huánjìng zěnyàng?

Peter: Director Liu, would you introduce the investment environment in the developing zone to us?

刘天奇：我们开发区的地理位置优越，交通十分便利，基础设施配备完善，科技与人文资源也十分丰厚，是中外商家理想的投资环境。

Liú Tiānqí: Wǒ·men kāifā qū·de dìlǐ wèizhi yōuyuè, jiāotōng shífēn biānlì, jīchǔ shèshī pèibèi wánshàn, kējì yǔ rénwén zīyuán yě shífēn fēnghòu, shì zhōng wài shāngjiā lǐxiǎng·de tóuzī huánjìng。

Liu Tianqi: Yes. With favorable location, convenient transportation, well-equipped infrastructure, rich science and technology resources as well as human resources, it's really an ideal investment environment for investors home and abroad.

布朗：刘主任，你们有权审批哪些投资项目？

Bùlǎng: Liú zhǔrèn, nǐ·men yǒu quán shěnpī nǎxiē tóuzī xiàngmù?

Brown: Director Liu, what kinds of investment projects are examined and approved?

刘天奇：我们可以审批的项目包括不需要国家综合平衡的、出口不涉及配额许可证、外汇能自行平衡的生产性项目。

Liú Tiānqí: Wǒ·men kěyǐ shěnpī de xiàngmù bāokuò bù xūyào guójiā zōnghé pínghéng·de, chūkǒu bú shèjí pèi'é xǔkězhèng,wàihuì néng zìxíng pínghéng de shēngchǎnxìng xiàngmù。

Liu Tianqi: Well, the productive projects, such as those needn't comprehensive balance by government, those do not involve in quota license on exports and those self-sufficient foreign exchange are included.

彼特：请问，投资项目有金额限制吗？

Pǐtè: Qǐng wèn, tóuzī xiàngmù yǒu jīn'é xiànzhì·ma?

Peter: Do you have any limits on the total money investment?

刘天奇：最低投资额有规定，最高投资额不受限制。

Líu Tiānqí: Zuì dī tóuzī'é yǒu guīdìng, zuì gāo tóuzī'é bú shòu xiànzhì。

Liu Tianqi: Well, we have the minimum limit but the maximum is open.

彼特：为什么要规定最低投资额？

Pǐtè: Wèi shén·me yào guīdìng zuì dī tóuzī'é?

Peter: Why do you regulate the minimum limit?

王玉：为了充分利用土地资源，我们必须保持较高的投资含金量和投资密度。

Wáng Yù: Wèi·le chōngfèn lìyòng tǔdì zīyuán, wǒ·men bìxū bǎochí jiàogāo·de tóuzī hánjīnliàng hé tóuzī mìdù。

Wang Yu: To fully use of the land resources, we should keep the efficiency and density of the investment.

布朗：我们想对你们的开发区有个更详细的了解,你们有这方面的资料吗？

Bùlǎng: Wǒ·men xiǎng duì nǐ·mén ge gèng xiángxì·de liǎojiě, Nǐ·

men yǒu zhè fāngmiàn de kāifāqū yǒu de zīliào·ma?

Brown: Do you have some detailed materials to help us have a more thoroughly understanding of the developing zone?

王玉：会后我们会给每一位开会者发一份资料，上面有很详细的介绍材料。

Wáng yù: Huì hòu wǒ·men huì gěi měi yí wèi kāihuìzhě fā yí fèn zīliào, shàng·mian yǒu hěn xiángxì·de jièshào cáiliào。

Wang Yu: Yes, after the meeting, we will offer every participant a very detailed material; you can get thorough information from it.

刘天奇：会后我们还会组团去参观开发区，到时请莅临参观。

Liú Tiānqí: Huì hòu wǒ·men hái huì zǔtuán cānguān kāifāqū, dào shí qǐng lìlín cānguān。

Liu Tianqi: What's more, we will organize a visit to the developing zone. You are welcome to join us.

布朗：谢谢，你们考虑得很周到。

Bùlǎng: Xiè·xie, nǐ·men kǎolǜ dé hěn zhōudào。

Brown: Thanks, you are very considerate.

王玉：别客气，这是我们应该做的。

Wáng Yù: Bié kè·qi, zhè shì wǒ·men yīnggāi zuò·de。

Wang Yu: Our pleasure!

练习 Exercises

1. 听力

Listening

（1）布　朗：刘主任，您好，你们的会开得很好，很受大家欢迎。

刘天奇：哪里，哪里，多谢你们这些企业家的捧场。

（2）布　朗：谢谢，你们考虑得很周到。

王　玉：别客气，这是我们应该做的。

2. 字词训练

Words and expressions

位置　　wèi·zhi　　　　　　　　convenient

优越	yōuyuè	cxamine aod approve
便利	biànlì	favorable
丰厚	fēnghòu	density
商家	shāngjiā	limit
审批	shěnpī	to come
综合	zōnghé	be rich in
平衡	pínghéng	balance
限制	xiànzhì	investor
密度	mìdù	location
莅临	lìlín	comprehensive

3. 回答问题（根据课文内容回答下列问题）

Questions（answer the following questions according to the text）

（1）这个经济开发区有权审批哪些投资项目？

（2）外国公司在中国投资的项目有金额限制吗？

（3）为什么要规定最低投资额？

（4）会后中方会组团去做什么？

4. 选择合适的词语

Single choice

（1）我们开发区地理位置（　　）

    A. 优越   B. 便利   C. 完善   D. 丰厚

（2）交通十分（　　）

    A. 优越   B. 便利   C. 完善   D. 丰厚

（3）基础设施配备（　　）

    A. 优越   B. 便利   C. 完善   D. 丰厚

（4）科技与人文资源也十分（　　）

    A. 优越   B. 便利   C. 完善   D. 丰厚

5. 连词成句（将下列每组词连成句子）

Make sentences（reorder the words to make a correct sentence）

(1) 开发区　环境　投资　不知　的　你们　怎样

(2) 考虑　得　你们　周到　很

(3) 企业家　多谢　你们　捧场　的　这些

6. 听对话回答问题 (choose the one with right answer)　（　　）

(1) 迈克：张先生，你妻子长得真漂亮。
　　张先生：哪里，哪里。
　　迈克：鼻子，眼睛，嘴巴都很漂亮。

(2) 张伟：约翰，你办的酒会很成功。
　　约翰：多谢你的捧场。

(3) 小红：琼，你送的围巾很漂亮。
　　琼：别客气。

7. 选出词语运用正确的一项 (choose the ringht one)　（　　）

A. 我们必须（保持）较高的技术含量

B. 我们必须（维护）较高的技术含量

C. 我们必须（坚持）较高的技术含量

D. 我们必须（保护）较高的技术含量

答案　Answer

2. 位置	wèi·zhi	location
优越	yōuyuè	favorable
便利	biànlì	convenient
丰厚	fēnghòu	be rich in
商家	shāngjiā	investor
审批	shěnpī	examine and approve
综合	zōnghé	comprehensive
平衡	pínghéng	balance

限制　xiànzhì　　　　　limit

密度　mìdù　　　　　　density

莅临　lìlín　　　　　　to come

3. （1）包括不需要国家综合平衡的、出口不涉及配额许可证、外汇能
自行平衡的生产性项目。

（2）最低投资额有规定，最高投资额不受限制。

（3）为了充分利用土地资源，保持较高投资含金量和投资密度。

（4）组团去参观开发区。

4. （1）A　（2）B　（3）C　（4）D

5. （1）不知你们开发区的投资环境怎样？

（2）你们考虑得很周到。

（3）多谢你们这些企业家的捧场。

6. 约翰

7. A

第二课　考察开发区
Dì'èrkè Kǎochá KāifāQū
Lesson Two Inspecting Open Economic Zone (OEZ)

课文名称 Lessons Name	考察开发区 Kǎochá KāifāQū Inspecting Open Economic Zone　(OEZ)
简单描述 Brief Introduction	招商引资干部刘军山处长陪同康利公司经理布朗考察经济开发区。 Zhāoshāng yǐnzī gànbù Liú Jūnshān Chùzhǎng péitóng Kānglì Gōngsī Jīnglǐ Bùlǎng kǎochá Jīngjì Kāifā qū。 Brown, the manager of Kanlee Corporation, inspects the OEZ accompanied by Liu Junshan, the Chief in charge of foreign investment.

学习目标 Study Objective	了解中国的投资环境。 liǎojiě Zhōngguó detóuzī huánjìng Get to know Chinese investment environment.
学习时间 Learning Time	50 分钟 50 fēnzhōng 50 mins
在线课程网址 Online Course	www.publicchinese.com

课文　Text

刘军山：布朗先生，您这次来最主要的目的是什么？

Liú Jūnshān: Bùlǎng xiān·sheng, nín zhècì lái zuì zhǔyào·de mùdì shì shén·me?

Liu Junshan: Welcome to our Open Economic Zone, Mr. Brown?

布朗：考察投资环境。

Bùlǎng: Kǎochá tóuzī huánjìng。

Brown: I come for inspection on the investment environment.

刘军山：你们很有远见，也看中了我们这个大市场。

Liú Jūnshān: Nǐ·men hěn yǒu yuǎnjiàn, yě kànzhòng·le·wǒmen zhè ge dà shìchǎng。

Liu Junshan: You are really a great market and notice our big market.

布朗：所以今天才会和你们驱车来看这经济开发区。

Bùlǎng: Suǒyǐ jīntiān cáihuì hé nǐ·men qūchē lái kàn zhè jīngjì kāifā qū。

Brown: Yeah,that is the reason I came here for inspection.

刘军山：刚才转了一大圈，总体印象如何？

Liú Jūnshān: Gāngcái zhuàn·le yí dà quān, zǒngtǐ yìnxiàng rúhé?

Liu Junshan: How do you feel it, Mr. Brown?

布朗：你们很有气魄呀，规划出这么大的一个开发区，不简单！

Bùláng: Nǐ·men hěn yǒu qìpò·ya, guīhuà chū zhè·me dà·de yígè kāifā qū, bù jiǎndān!

Brown: Great! You hare such a big open economic zone.

彼特：但不知道你们开发区的配套规划如何？

Pǐtè: Dàn bù zhīdào nǐ·men kāifāqū·de pèitào guīhuà rúhé?

Peter: How are the equipment?

刘军山：你们放心，我们都有安排，一些基础设施都已提前完成。可以说现在是"万事俱备，只欠东风"了，只等你们这些有实力的企业的进驻了。

Liú Jūnshān: Nǐ·men fàngxīn, wǒ·men dōu yǒu ānpái, Yìxiē jīchǔ shèshī dōu yǐ tíqián wánchéng. kěyǐ shuō xiànzài shì "Wàn shì jù bèi, zhǐ qiàn dōng fēng" ·le, Zhǐ děng nǐ·men zhèxiē yǒu shílì·de qǐyè·de jìnzhù·le。

Liu Junshan: Very good. We've made enough preparations. All facilities are ready. As a Chinese say: "everything is ready, except we have to raise the money."

布朗：刘处长，开发区现在的招商引资情况如何。

Bùláng: Liú Chùzhǎng, KāifāQū xiànzài·de zhāoshāng yǐnzī qíng kuàng rúhé?

Brown: How are recruitment for investments going to on, Mr Liu?

刘军山：布朗先生，情况十分乐观，很多大企业，特别是外资企业都纷纷向我们咨询情况，准备进驻。

Liú Jūnshān: Bùlǎng xiānsheng, qíngkuàng shífēn lèguān, Hěnduō dà qǐyè, tèbié shì wàizī qǐyè dōu fēnfēn xiàng wǒ·men zīxún qíngkuàng, zhǔnbèi jìnzhù。

Liu Junshan: There are a lot, Mr Brown, Many corporation, espicially those from orerseas, shows their interests and ready to inrest.

彼特：这开发区真的有这么大的吸引力吗？

Pǐtè: Zhè KāifāQū zhēn·de yǒu zhè·me dà·de xīyǐnlì·ma?

Peter: Well, really?

刘军山：不错，主要原因有这么几条吧：一是中国这个大环境很好，市场很大，很多来华投资的企业获得了丰厚的回报；二是我们这个开发区正处在工业发达的区域，有很好的工业基础和配套商圈，可以大大减少企业的经营成本；三是开发区的进驻门槛不很高，颇受企业的欢迎；四是开发区的优惠条件很有诱惑力。

Liú Jūnshān: bùcuò, Zhǔyào yuányīn yǒu zhè·me jǐ tiáo·ba: yī shì Zhōnguó zhège dà huánjìng hěn hǎo, shìchǎng hěn dà, hěnduō lái Huá tóuzī·de qǐyè huòdé·le fēnghòu·de huíbào; èr shì wǒ·men zhègè Kāifāoū zhèng chǔ zài gōngyè fādá·de qūyù, yǒu hěn hǎo·de gōngyè jīchǔ hé pèitào shāngquān, kěyǐ dàdà jiǎnshǎo qǐyè·de jīngyíng chéngběn; sān shì Kāifāoū·de jìnzhù ménkǎn bù hěn gāo, pō shòu qǐyè·de huānyíng; sì shì Kāifāoū·de yōuhuì tiáojiàn hěn yǒu yòuhuò lì.

Liu Junshan: Yes, there are a lot of good reasons for the investment: Firsty, China is a large market,many orerseas corporations hare made fat profits on their investment, secondly, our OEZ is located in the developed ared and surrounding environment is perfect that can greatly lower the cost. Thirdly, a chance to gain admission is not hiqh. And fourthly, the favourable terms are attractive to every investor.

布朗：这方面对我们非常有利,但我们也十分看重开发区乃至周边地区的潜在市场及人文环境。不知刘处长在这方面是怎样认为的？

Bùláng: Zhè fāngmiàn duì wǒ·men fēicháng yǒulì, dàn wǒmen yě shífēn kàn zhòng Kāifāoū nǎizhì zhōubiān dìqū·de qiánzài shìchǎng jí rénwén huánjìng. Bùzhī Liú chùzhǎng zài zhè fāngmiàn shì zěnyàng rènwéi·de?

Brown: It sounds great! In addition, we attach much importance to the potential market and the cultural environments in and around the OEZ.

刘军山：这方面应该也是颇具优势的,以后你们完全可以真切的感受到。

Liú Jūnshān: Zhè fāngmiàn yīnggāi yěshì pō jù yōushì·de, yǐhòu nǐ·men wánquán kěyǐ zhēnqiè·de gǎnshòu dào.

Liu Junshan: That's exactly one of our advantages. You'll feel in the near future.

布朗：谢谢刘处长的陪同和解说，开发区给我们留下了很好的印象，我们会作出认真的考虑的。

Bùláng: Xiè·xie Liú chùzhǎng·de péitóng hé jiěshuō. Kāifāoū gěi wǒ·men liúxià·le hěn hǎo·de yìnxiàng, Wǒ·men huì zuòchū rènzhēn·de kǎolǜ·de。

Brown: Thank you, Mr. Liu! We appreciate what you've done for us. The OEZ has qiven us a great impression. We'll consider it carefully.

刘军山：不用谢，我们期待与您愉快的合作。

Liú Jūnshān: Búyòngxiè, Wǒ·men qīdài yǔ nín yúkuài·de hézuò。

Liu Junshan: You're welcome! Wish us a pleasant cooperation!

布朗：我同样在期待我们合作能够成功。

Bùláng: Wǒ tóngyàng zài qīdài wǒ·men hézuò nénggòu chénggōng。

Brown: Me too!

练习　Exercises

1. 听力

   Listening

   (1) 刘军山：布朗先生，您这次来最主要的目的是什么？

       布朗：考察投资环境。

       刘军山：你们很有远见，也看中了我们这个大市场。

   (2) 刘军山：刚才转了一大圈，总体印象如何？

       布朗：你们很有气魄呀，规划出这么大的一个开发区，不简单！

       彼特：不知道你们开发区的配套规划如何？

       刘军山：你们放心，我们都有安排，一些基础设施都已提前完成。可以说现在是"万事俱备，只欠东风"了，只等你们这些有实力的企业的进驻了。

2. 字词训练

   Words and expressions

考察	Kǎochá	accessory
开发	Kāifā	program; layout
陪同	péitóng	courage

主要	zhǔyào	very
远见	yuǎnjiàn	inspect
气魄	qìpò	accompany
规划	guīhuà	open up
配套	pèitào	foresight; far-sight
实力	shílì	optimism
乐观	lèguān	strong; strength
纷纷	fēnfēn	in succession; one after another
咨询	zīxún	main
丰厚	fēnghòu	rich; fat
发达	fādá	consult
颇	pō	environment
成本	chéngběn	favorable
优惠	yōuhuì	developed
诱惑	yòuhuò	really
非常	fēicháng	attract
环境	huánjìng	cost
真切	zhēnqiè	very

3. 回答问题（根据课文内容回答下列问题）

　Questions（answer the following questions according to the text）

　（1）是谁陪同布朗考察开发区？

　（2）"万事俱备，只欠东风"在课文中是什么意思？

　（3）刘处长阐述开发区具有吸引力的原因有几条？

　（4）布朗先生还很看重开发区的人文环境吗？

4. 选择合适的词语

　Choose the works with the same meaning as the wonds in bracket.

　（1）您这次来最（主要）的目的是什么？

    A. 重要　　　　B. 迫切　　　　C. 需要　　　　D. 关键

（2）你们很有（气魄）呀，规划出这么大的一个开发区。

    A. 眼光　　　　B. 远见　　　　C. 魄力　　　　D. 思想

（3）开发区的优惠条件很有（诱惑力）。

    A. 迷惑力　　　B. 创造力　　　C. 吸引力　　　D. 展现力

5. 连词成句（将下列每组词连成句子）

Make sentences (reorder the words to make a correct sentence)

（1）的　配套　规划　如何　不　知道　你们　开发区

（2）都　已经　提前　完成　一些　基础　设施

（3）情况　现在　的　招商　引资　如何　开发区

6. （1）选择有语病的一句

Choose the wrong one

    A. 如果没有什么意见，那么可以通过了。

    B. 虽然你没犯错误，所以还是不能辞职。

    C. 康利公司对云山开发区做了全面的考察。

    D. 开发区的配套设施还不十分的完善。

（2）选择没有语病的一句

Choose the right one

    A. 我们对开发区的周边环境十分乐意。

    B. 我们对开发区的周边环境十分满意。

    C. 我们对开发区的周边环境十分衷心。

    D. 我们对开发区的周边环境十分特别的满意。

7. 运用下列词语造出一句话

Use the words below to make a sentence

（1）条件　优惠　吸引力

（2）关键　资金　如何

（3）纺织品　　没有　　根本

答案　Answer

2. 考察　Kǎochá　　　　　　inspect
　 开发　Kāifa　　　　　　　open up
　 陪同　péitóng　　　　　　accompany
　 主要　zhǔyào　　　　　　main
　 远见　yuǎnjiàn　　　　　foresight; far-sight
　 气魄　qìpò　　　　　　　courage
　 规划　guīhuà　　　　　　program; layout
　 配套　pèitào　　　　　　accessory
　 实力　shílì　　　　　　　strong; strength
　 乐观　lèguān　　　　　　optimism
　 纷纷　fēnfēn　　　　　　in succession; one after another
　 咨询　zīxún　　　　　　　consult
　 丰厚　fēnghòu　　　　　　rich; fat
　 发达　fādá　　　　　　　developed
　 颇　　pō　　　　　　　　very
　 成本　chéngběn　　　　　cost
　 优惠　yōuhuì　　　　　　favorable
　 诱惑　yòuhuò　　　　　　attract
　 非常　fēicháng　　　　　very
　 环境　huánjìng　　　　　environment
　 真切　zhēnqiè　　　　　really

3.（1）刘军山处长。　　（2）各项准备工作都做好了，只等企业的进驻。
　（3）四条。　（4）是的。

4.（1）A　（2）C　（3）C

5.（1）不知道你们开发区的配套规划如何？
　（2）一些基础设施都已经提前完成。
　（3）开发区现在的招商引资情况如何？

6. (1) B (2) B
7. (1) 这家公司的优惠条件对我很有吸引力。
 (2) 关键是如何解决资金的紧缺问题。
 (3) 纺织品配额问题还没有得到根本的解决。

第三课　申请专利
Dìsānkè Shēnqǐng Zhuānlì
Lesson Three Applying for a Patent

课文名称 Lessons Name	申请专利 Shēnqǐng Zhuānlì Applying for a Patent
简单描述 Brief Introduction	布朗和彼特到国家专利局申请专利 Bùlǎng hé Pǐtè dào Guójiā Zhuānlì Jú shēnqǐng zhuānlì. Brown and Peter apply for a patent at the National Patent Office.
学习目标 Study Objective	了解在中国申请专利的办事程序及基本情况。 liǎojiě zài Zhōngguó shēnqǐng zhuānlì·de bànshì chéngxù jí jīběn qíngkuàng Learn about the procedures of patent application in China and something related.

学习时间 Learning Time	50 分钟 50 fēnzhōng 50 mins
在线课程网址 Online Course	www.publicchinese.com

课文 Text

彼特：先生，您好。我们想为一项发明申请专利。

Pǐtè: Xiānsheng, nínhǎo! wǒ·men xiǎng wèi yí xiàng fāmíng shēnqǐng zhuānlì。

Peter: Good morning, sir! We'd like to apply for a patent?

罗白：您好，先生。请问是有关哪方面的发明专利？

Luó Bái: Nínhǎo, xiānsheng。Qǐng wèn shì yǒuguān nǎ fāngmiàn·de fāmíng zhuānlì。

Luo Bai: Morning, sir! A patent for what?

彼特：一项电子产品的发明专利。

Pǐtè: Yí xiàng diànzǐ chǎnpǐn·de fāmíng zhuānlì。

Peter: For an electronic product.

布朗：请问在中国申请专利有什么具体条件吗？

Bùláng: Qǐngwèn zài Zhōngguó shēnqǐng zhuānlì yǒu shén·me jùtǐ tiáojiàn ·ma?

Brown: Any specific qualifications for applications in China?

罗白：在我们国家，发明要取得专利，必须要有新颖性、创造性和实用性。

Luó Bái: Zài wǒ·men guójiā, fāmíng yào qǔdé zhuānlì, bìxū yào yǒu xīnyǐng xìng, chuàngzào xìng hé shíyòng xìng。

Luo Bai: In China, any invention or utility model for which patent right may be granted must possess novelty, inventiveness and practical applicability.

布朗：我们这项发明都具备这些条件，完全符合专利申请标准。

Bùláng: Wǒ·men zhè xiàng fāmíng, dōu jùyǒu zhèxiē tiáojiàn,

wánquán fúhé zhuānlì shēnqǐng biāozhǔn。

Brown: That's exactly what our invention possesses.

罗白：这项发明在你们国家取得了专利了吗？

Luó Bái: Zhè xiàng fāmíng zài nǐ·men guójiā qǔdé·le zhuānlì le·ma?

Luo Bai: Have you got the patent right in your own country?

彼特：是的，已经取得了我国专利。

Pǐtè: Shì·de, yǐjing qǔdé·le wǒguó zhuānlì。

Peter: Yes, we have.

罗白：按照国际惯例，你们可以委托中国的涉外专利代理机构来办理。如果您在所在国取得的专利没有超过十二月个的话，在中国享有优先权。

Luó Bái: ànzhào guójì guànlì, nǐ·men kěyǐ wěituō Zhōngguó·de shèwài zhuānlì dàilǐ jīgòu lái bànlǐ。Rúguǒ nín zài suǒzài guó qǔdé·de zhuānlì méiyǒu chāoguò shíèr ge yuè·de huà, zài Zhōngguó xiǎngyǒu yōuxiān quán。

Luo Bai: By international convention, you may appoint a foreign-related patent agency to be acted as your agent. And within 12 months from the date on which you first filed in your country, you enjoy a right of priority in China.

彼特：你们可以为我们提供涉外专利代理机构的名单吗？

Pǐtè: Nǐ·men kěyǐ wèi wǒ·men tígōng shèwài zhuānlì dàilǐ jīgòu·de míngdān ma?

Peter: Would you provide us with the name list of the foreign-related patent agencies?

罗白：我们有名单，可以给你们提供。

Luó Bái: Wǒ·men yǒu míngdān, kěyǐ gěi nǐ·men tígōng。

Luo Bai: Certainly.

布朗：取得专利后有哪些专利权呢？

Bùláng: Qǔdé zhuānlì hòu yǒu nǎxiē zhuānlì Quán·ne?

Brown: What rights does the patentee possess?

罗白：享有这项专利的独占权。也就是说，未经您的同意，任何个人不能以生产经营为目的，使用你的专利技术。如果有人侵权，我国有法律能够保护专利权人的利益。

Luó Bái: Xiǎngyǒu zhè xiàng zhuānlì ·de dúzhàn ouán。 Yě jiùshì shuō, wèi jīng nín ·de tóngyì, rènhé gèrén bùnéng yǐ shēngchǎn jīngyíng wéi mùdì, shǐyòng nǐ ·de zhuānlì jìshù。 Rúguǒ yǒurén qīnquán, wǒ guó yǒu fǎlǜ nénggòu bǎohù zhuānlìquán rén ·de lìyì ·de。

Luo Bai: The exclusive right. That is, without the authorization of the patentee, no entity or individual may exploit the patent for production or business purposes. His right will be protected by the law.

布朗：您的意思是说，如果遇到这种侵权情况，我们可以向当地法院起诉。我们有权制止他人的侵权行为。

Bùláng: Nín ·de yìsi shì shuō, rúguǒ yùdào zhèzhǒng qīnquán qíngkuàng, wǒ ·men kěyǐ xiàng dāngdì fǎyuàn qǐsù。 Wǒ ·men yǒuquán zhìzhǐ tārén ·de qīnquán xíngwéi。

Brown: You mean, we may institute legal proceeding in the local court. And we can have the infringement acts stopped.

罗白：您还有什么问题吗？

Luó Bái: Nín háiyǒu shén ·me wèntí ·ma?

Luo Bai: Any other questions?

布朗：我们应尽什么义务呢？

Bùláng: Wǒ ·men yīngjìn shén ·me yìwù ·ne?

Brown: Any obligations do we have to fulfill?

罗白：按时缴纳年费。

Luó Bái: ànshí jiǎonà nián fèi。

Luo Bai: You have to pay annual fee on time.

布朗：那是当然。谢谢您的耐心解释。

Bùláng: Nàshì dāngrán。 Xiè ·xie nín ·de nàixīn jiěshì。

Brown: I will. Thank you for your help.

罗白：不用谢，这是我们应该的。

Luó Bái: Búyòngxiè, Zhèshì wǒ ·men yīnggāi ·de。

Luo Bai: My pleasure!

练习 Exercises

1. 听力

　　Listening

　（1）彼特：先生，您好。我们想为一项发明申请专利。

　　　　罗白：您好，先生。请问是有关哪方面的发明专利？

　　　　彼特：一项电子产品的发明专利。

　（2）布朗：请问在中国申请专利有什么具体条件吗？

　　　　罗白：在我们国家，发明要取得专利，必须要有新颖性、创造性和实用性。

2. 字词训练

　　Words and expressions

专利	zhuānlì	create
发明	fāmíng	exceed; excess
电子	diànzǐ	court
具体	jùtǐ	name list
新颖	xīnyǐng	obligation
创造	chuàngzào	patent
符合	fúhé	accord with
超过	chāoguò	invention
优先	yōuxiān	priority
代理	dàilǐ	pay
名单	míngdān	specific
任何	rènhé	electronics
利益	lìyì	hold out; refrain
法院	fǎyuàn	any
起诉	qǐsù	novelty
制止	zhìzhǐ	profit
义务	yìwù	bring an accusation against
缴纳	jiǎonà	agency

3. 回答问题（根据课文内容回答下列问题）

Questions（answer the following questions according to the text）

（1）布朗需要中国公司代理的是哪方面的专利？

（2）他们的专利已在中国取得专利权了吗？

（3）中国公司的技术能力能保证专利的实施吗？

（4）他们达成了初步意向了吗？

4. 替换词语

Replacement exercise

（1）我们（想）为一项发明申请专利。

    A. 希望   B. 一定   C. 确定   D. 可能

（2）完全（符合）专利申请标准。

    A. 达到   B. 相符   C. 建立   D. 具有

（3）我国法律能够保护专利权人的（利益）的。

    A. 益处   B. 利润   C. 利息   D. 权益

5. 连词成句（将下列每组词连成句子）

Make sentences（reorder the words to make a correct sentence）

（1）发明 申请 专利 我们 想 为 一项

（2）发明 是 有关 哪 的 方面 专利 请问

（3）条件 有 什么 具体 吗 请问 在 中国 申请 专利

6. 选择没有语病的一句

Choose the right sentence

（1）A. 我们公司拥有这项专利的独家代理权。

    B. 我们公司拥有这项专利的唯一独家代理权。

    C. 我们公司拥有这项专利的中国代理权之一。

D. 我们公司拥有这项独家专利的代理权。

（2）A. 长城公司的技术能力能够达到这项技术开发任务。

      B. 长城公司的技术能力能够控制这项技术开发任务。

      C. 长城公司的技术能力能够完成这项技术开发任务。

      D. 长城公司的技术能力能够成功这项技术开发任务。

7. 选用下列词语造出一句话

Using the words below to make a sentence

（1）品牌　代理　公司

（2）完全　能力　相信

（3）专利　很好　实用

答案　Answer

2. 专利　zhuānlì   patent

   发明　fāmíng   invention

   电子　diànzǐ   electronics

   具体　jùtǐ   specific

   新颖　xīnyǐng   novelty

   创造　chuàngzào   create

   符合　fúhé   accord with

   超过　chāoguò   exceed; excess

   优先　yōuxiān   priority

   代理　dàilǐ   agency

   名单　míngdān   name list

   任何　rènhé   any

   利益　lìyì   profit

   法院　fǎyuàn   court

   起诉　qǐsù   bring an accusation against

   制止　zhìzhǐ   hold out; refrain

义务　yìwù　　　　　　　　　　　obligation
缴纳　jiǎonà　　　　　　　　　　 pay

3.（1）电子音乐产品类。（2）取得了。（3）能够保证。（4）达成了。

4.（1）A　（2）A　（3）D

5.（1）我们想为一项发明申请专利。
　（2）请问是有关哪方面的发明专利？
　（3）请问在中国申请专利有什么具体条件吗？

6.（1）C　（2）B

7.（1）利远公司是这种品牌的中国总代理。
　（2）我们完全相信你们的推销能力。
　（3）这项专利有很好的实用性。

商务
汉语

第四课　投资决策
Dìsìkè Tóuzī Juécè
Lesson Four Investment Decision-making

课文名称 Lessons Name	投资决策 Tóuzī Juécè Investment Decision-making
简单描述 Brief Introduction	布朗约老朋友信佳电器公司经理吴伟在咖啡厅见面 Bùlǎng yuē lǎo péngyou xìnjiā diànqì gōngsī jīnglǐ Wú Wěi zài kāfēitīng jiànmiàn。 Mr. Brown meets his old friend, Mr. Wu Wei, Manager of Xin Jia Appliance Company at a coffee house.
学习目标 Study Objective	了解外商来华投资决策的过程。 Liǎojiě wàishāng lái huá tóuzī Juécè ·de guò chéng。 To learn about the decision making processes of foreign investment.

商务
汉语

学习时间 Learning Time	60 分钟 60 fēn zhōng 60 mins
在线课程网址 Online Course	www.publicchinese.com

课文 Text

彼特：吴经理，这位漂亮的小姐是谁?

Pǐtè: Wú jīnglǐ, zhè wèi piàoliang·de xiǎojiě shì shuí?

Peter: Mr. Wu, who's that pretty lady?

吴伟：她是我的助理，刘丽小姐。

Wú Wěi: Tā shì wǒ·de zhùlǐ, Liú Lì xiǎojiě。.

Wu Wei: She's my assistant, Ms. Liu Li.

布朗：老朋友，又开发了什么好的产品吗?

Bùlǎng: Lǎo péngyou, yòu kāifā·le shén·me hǎo·de chǎnpǐn·ma?

Brown: Mr. Wu, what products are you developing now?

吴伟：我们正在开发小家电产品，不知你们有兴趣进口吗?

Wú Wěi: Wǒ·men zhèngzài kāifā xiǎo jiādiàn chánpǐn, bù zhī Nǐ·men yǒu xìngqù jìnkǒu·ma?

Wu Wei: Well, we are developing some small electric appliance, do you have any interests to import some?

布朗：小家电，在中国的潜在市场怎样?

Bùlǎng: Xiǎo jiādiàn, zài Zhōngguó·de qiǎnzài shìchǎng Zěnyàng?

Brown: How's the potential market in China.

吴伟：现在传统家电的利润很低，大家都把利润的增长寄托在小家电上了。

Wú Wěi: Xiànzài chuántǒng jiādiàn·de lìrùn hěn dī, dàjiā dōu bǎ lìrùn·de zēngzhǎng jìtuō zài xiǎo jiādiàn shang·le.

Wu Wei: The profits of the traditional appliance is very low, we all hope to make profits from electric appliance.

布朗：这样说来，如果在这方面投资会有很大的回报。

Bùlǎng: Zhèyàng shuō lái, rúguǒ zài zhè fāngmiàn tóuzī huìyǒu hěn dà·de huíbào。

Brown: Well, we are going to get rich profits if we invest in it, right?

吴伟：布朗先生打算在电器行业有所作为吗？

Wú Wěi: Bùlǎng xiānsheng dǎsuàn zài diànqì hángyè yǒu suǒ zuò wéi·ma?

Wu Wei: So Mr. Brown, do you want to invest in it?

布朗：我很看好中国的家电市场。

Bùlǎng: Wǒ hěn kàn hǎo Zhōngguó·de jiādiàn shìchǎng。

Brown: I'm confidence in this market in China.

吴伟：你们打算拓宽中国业务，大量出口本国家电产品吗？

Wú Wěi: Nǐ·men dǎsuàn tuòkuān Zhōngguó yèwù, dàliàng chūkǒu běn guó jiādiàn chǎnpǐn·ma?

Wu Wei: Are you going to expand your business in China and increase exporting of local etectric appliance.

布朗：我想，中国最需要的是资金与技术，而不是成品的进口。

Bùlǎng: Wǒ xiǎng, Zhōngguó zuì xūyào·de shì zījīn yǔ jìshù, ér bú shì chéngpǐn·de jìnkǒu。

Brown: What China needs now is capital and technology, but not finished products, I think.

吴伟：说得对，依赖进口不会有我们自己独立的民族工业，我们不会再吃这方面的亏了。

Wú Wěi: Shuō·de duì, yīlài jìnkǒu bú huì yǒu wǒ·men zìjǐ dúlì·de mínzú gōngyè, wǒ·men bú huì zài chī zhè fāngmiàn·de kuī·le。

Wu Wei: You are right, if we are rely on importing we won't have our independent national industry. And we will take lessons from the past.

布朗：所以我们决定在中国寻找合作伙伴，兴办合资企业，和中国企业共同享受中国独特的市场与人力资源。

Bùlǎng: Suǒyǐ wǒ·men juédìng zài Zhōngguó xúnzhǎo hézuò Huǒbàn, xīngbàn hézī qǐyè, hé zhōngguó qǐyè gòngtóng xiǎng shòu zhōngguó dútè·de shìchǎng yǔ rénlì zīyuán。

Brown: So we decide to find a partner to build a joint venture in China, so that we can enjoy unique market of China and human resources with Chinese companies.

吴伟：这可能是最明智的选择。

Wú Wěi: Zhè kěnéng shì zuì míngzhì·de xuǎnzé。

Wu Wei: It's really the best choice.

练习 Exercises

1. 听力

   Listening

   （1）彼特：吴经理，这位漂亮的小姐是谁?

   　　吴伟：她是我的助理，刘丽小姐。

   （2）吴伟：布朗先生打算在电器行业有所作为吗?

   　　布朗：我很看好中国的家电市场。

2. 字词训练

   Words and expressions

咖啡厅	kāfēitīng	be expected to be good
家电	jiādiàn	electric appliance
传统	chuántǒng	to expand
利润	lìrùn	be hoped to
增长	zēngzhǎng	coffee house
寄托	jìtuō	finished product
回报	huíbào	to find
看好	kàn hǎo	increase
拓宽	tuòkuān	wise
成品	chéngpǐn	profit
民族	mínzú	tradition
寻找	xúnzhǎo	to build
兴办	xīngbàn	national
明智	míngzhì	return

3. 回答问题（根据课文内容回答下列问题）

Questions　(answer the following questions according to the text)

(1) 信佳电器公司又开发了什么好的产品？

(2) 小家电在中国的潜在市场怎样？

(3) 布朗先生打算在电器行业有所作为吗？

4. 替换词语

Replacement exercise

(1) 这（可能）是最明智的选择。

A. 不能　　　　B. 可以　　　　C. 也许　　　　D. 确定

(2) 和中国企业共同（享受）中国独特的市场与人力资源。

A. 承受　　　　B. 分享　　　　C. 难受　　　　D. 承担

(3) 这可能是最（明智的）选择。

A. 聪明的　　　B. 智能的　　　C. 智力的　　　D. 明白的

5. 根据语段回答问题

Make a choice according to the dialogue

布朗：我想，中国最需要的是资金与技术，而不是成品的进口。

吴伟：说得对，依赖进口不会有我们自己独立的民族工业，我们不会再吃这方面的亏了。

对这段话的内容概括最为恰当的一项是　（　　）

A. 布朗认为中国需要进口成品。

B. 吴伟打算进口布朗公司的成品。

C. 布朗认为中国需要的是资金和技术。所以不打算出口任何成品。

D. 布朗认为中国需要的是资金和技术而不是成品的进口，吴伟表示赞同。

6. 选用下列词语造出一句话

Using the words below to make a correct sentence

(1) 如果　投资　回报

(2) 和　共同　享受　独特的

(3) 可能　明智的　选择

7. 用关联词语填空

Choose the correct conjunction words

(1) （　　）你好好学习中文，你（　　）会取得好成绩。

A. 因为……所以　　　B. 如果……那么　　　C. 只要……就

(2) （　　）这个公司信誉不好，（　　）我们打算换一家公司合作。

A. 如果……就　　　　B. 因为……所以　　　C. 即使……也不

答案　Answer

2. 咖啡厅	kāfēitīng	coffee house
家电	jiādiàn	electric appliance
传统	chuántǒng	tradition
利润	lìrùn	profit
增长	zēngzhǎng	increase
寄托	jìtuō	be hoped to
回报	huíbào	return
看好	kànhǎo	be expected to be good
拓宽	tuòkuān	to expand
成品	chéngpǐn	finished product
民族	mínzú	national
寻找	xúnzhǎo	to find
兴办	xīngbàn	to build
明智	míngzhì	wise

3. (1) 正在开发小家电产品。　(2) 潜在市场广阔。　(3) 是的。

4. (1) C　(2) B　(3) A

5. D

6. (1) 如果在这方面投资会有很大的回报。

(2) 和中国企业共同享受中国独特的市场与人力资源。

(3) 这可能是最明智的选择。

7. (1) C　(2) B

第五课　讨论调研计划

Dìwǔkè Tǎolùn Diàoyán Jìhuà

Lesson Five Discuss the Investigation and Study Plan

课文名称 Lessons Name	讨论调研计划 Tǎolùn diàoyán Jìhuà Discuss the Investigation and Study Plan
简单描述 Brief Introduction	布朗和下属讨论市场调研。 Bùlǎng hé xiàshǔ tǎolùn shìchǎng diàoyán。 Brown is discussing the market investigation and study plan with his subordinates.
学习目标 Study Objective	了解在中国进行市场调研的办法。 Liǎojiě zài Zhōngguó jìnxíng shìchǎng diàoyán ·de bànfǎ。 To learn how to conduct market research in China

学习时间 Learning Time	60 分钟 60 fēnzhōng 60 mins
在线课程网址 Online Course	www.publicchinese.com

课文　Text

布朗：彼特，你把拟订的市场调研计划拿出来，我们一起讨论。

Bùlǎng: Pǐtè, nǐ bǎ nǐdìng·de shìchǎng diàoyán jìhuà ná chūlai, wǒ·men yìqǐ Tǎolùn。

Brown: Peter, hand me your formulated market investigation and study plan and let's have a discussion together.

彼特：好的，这是我受布朗经理委托拟订的市场调研计划，共分四个部分：一是调研目的与方式，二是调研范围与内容，三是调研对象与步骤，四是调研结果与分析。调研的中心是要解决市场定位问题。

Bǐtè: Hǎode, zhèshì wǒ shòu Bùlǎng jīnglǐ wěituō nǐdìng ·de shìchǎng diàoyán jìhuà, gòngfēn sìge bùfen: yīshì diàoyán mùdì yǔ fāngshì, èrshì diàoyán fànwéi yǔ nèiróng, sānshì diàoyán duìxiàng yǔ bùzhòu, sìshì diàoyán jiēguǒ yǔ fēnxī。Diàoyán·de zhōngxīn shì yào jiějué shìchǎng dìngwèi wèntí。

Peter: Ok, here is the market investigation and study plan at per the request of Mr. Brown. It is divided into four sections, part one is about the purposes and study methods. Part two is about the investigating scope and its contents. Part three is the investigating objects and procedures. Part four is the results and its analysis. This investigation focuses on the market orientation.

布朗：你们看了计划后觉得怎样？

Bùlǎng: Nǐ·men kàn·le Jìhuà hòu jué·de zěnyàng?

Brown: What do you think of the plan?

乔迪：产品能否进入目标市场，关键是看定位准确不准确，彼特这个计划突出了这个关键点。

Qiáodí: Chǎnpǐn néngfǒu jìnrù mùbiāo shìchǎng, guānjiàn shì Kàn dìngwèi zhǔnquè bu zhǔnquè, Pǐtè zhè ge jìhuà tūchū·le zhè ge guānjiàn diǎn。

Jody: A right market orientation plays a key affection on whether we could enter into the target market.

布朗：乔迪的分析很好，这个计划考虑了中国的国情，能解决实际问题。

Bùlǎng: Qiáodí·de fēnxī hěn hǎo, zhè ge jìhuà kǎolǜ·le Zhōngguó·de guóqíng, néng jiějué shíjì wèntí。

Brown: Jody presents us a very good analysis. This plan tells us current situation of china.

彼特：谢谢。

Pǐtè: Xiè·xie.

Peter: Thanks.

刘华：计划对资金与技术问题作了较为全面的分析，很有见地。

Liú Huá:Jìhuà duì zījīn yǔ jìshù wèntí zuò·le jiào wéi quánmiàn·de fēnxī, hěn yǒujiàndì。

Liu Hua: The plan shows a comprehensire analysis for the capital and technical issues.

乔迪：但对将来面临的困难分析得还不够，有些数据还没有充分的说服力。

Qiáodí: Dàn duì jiānglái miànlín·de kùn nan fēnxī·de hái bú gòu, yǒuxiē shùjù hái méiyǒu chōngfèn·de shuōfú lì。

Jody: That's true, but the analysis of the future difficulties seems weak and some data are not persuasive enough.

布朗：对，乔迪的看法是正确的，我们对将来的困难要有充分的准备，这个计划还需进一步完善，把乔迪的意见考虑进去。

Bùlǎng: Duì, Qiáodí·de kànfa shì zhèngquè·de wǒ·men duì jiānglái de kùn nan yàoyǒu chōngfèn·de zhǔnbèi, zhè ge jìhuà hái xū jìn yí bù wánshàn, bǎ Qiáodí·de yìjiàn kǎolǜ jìnqu。

Brown: Yes, Jody's right, we should make good preparations for the future

difficulties. Please considered Jody's suggestion, this plan needs further im-
provement.

彼特：好的，感谢各位中肯的意见，我会尽快完善这个计划。

Pǐtè: Hǎo·de, gǎnxiè gèwèi zhòngkěn·de yìjiàn, wǒ huì jìn Kuài
wánshàn zhè ge jìhuà。

Peter: Ok. Thanks for your sincere suggestion. I will perfect the plan as
soon as possible.

练习　Exercises

1. 听力

Listening

(1) 布朗：你们看了计划后觉得怎样？

刘华：计划对资金与技术问题作了较为全面的分析，很有见地。

(2) 布朗：彼特，你把拟订的市场调研计划拿出来，我们一起讨论。

乔迪：产品能否进入目标市场，关键是看定位准确不准确，彼
特这个计划突出了这个关键点。

2. 字词训练

Words and expressions

下属	xiàshǔ	procedure
拟订	nǐdìng	to formulate
委托	wěituō	sincere
步骤	bùzhòu	perfect
定位	dìngwèi	data
困难	kùnnan	difficulty
数据	shùjù	persuasive
充分	chōngfèn	orientation
说服	shuōfú	subordinate
完善	wánshàn	at the request of
中肯	zhòngkěn	enough

3. 回答问题（根据课文内容回答下列问题）

Questions　(answer the following questions according to the text)

(1) 这个调研计划的内容包含几部分，要解决的中心问题是什么？

(2) 乔迪认为这个计划中存在什么问题？

(3) 刘华对这个计划有什么看法？

(4) 布朗对乔迪的意见持什么态度？

4. 选择合适的关联词语

Choose the correct conjunction words

(1) 这个计划虽然很有见地，（　　）对将来面临的困难分析不够。

　　A. 而且　　　　B. 还是　　　　C. 并且　　　D. 但是

(2) 一个好的调研计划不但要明确调研目的，（　　）要选择合适的调研对象。

　　A. 虽然　　　　B. 而是　　　　C. 不仅　　　D. 而且

(3)（　　）你的意见很有见地，我们还是要讨论后才能决定。

　　A. 尽管　　　　B. 不但　　　　C. 不是　　　D. 不仅

5. 替换词语

Replacement exersise

(1) 产品能否进入目标市场，（关键）是看定位准确不准确。

　　A. 关心　　　　B. 重点　　　　C. 主要　　　D. 还要

(2) 计划对资金与技术问题作了较为（全面）的分析。

　　A. 周全　　　　B. 深入　　　　C. 体面　　　D. 客观

(3) 感谢各位的（诚恳）意见，我会尽快完善这个计划。

　　A. 诚实　　　　B. 恳切　　　　C. 中肯　　　D. 独到

6. 根据意思填写成语

Complete the idioms

(1) 祝你福如（　　）（　　），寿比（　　）（　　）。

(2) 你俩真可谓（　　）才（　　）貌，非常般配。

7. 选择正确的读音

Choose the right Pinyin

(1) 小明的书你还（   ）了没有？

　　A. huán　　　B. hái　　　C. bù　　　D. zǒu

(2) 洪水淹没（   ）了他的家园。

　　A. méi　　　B. mò　　　C. shuǐ　　　D. huǐ

(3) 敌人已经投降（   ）了。

　　A. Xiáng　　　B. jiàng　　　C. sǎn　　　D. huǐ

答案　Answer

2. 下属　xiàshǔ   subordinate

　　拟订　nǐdìng   to formulate

　　委托　wěituō   at the request of

　　步骤　bùzhòu   procedure

　　定位　dìngwèi   orientation

　　困难　kùnnan   difficulty

　　数据　shùjù   data

　　充分　chōngfèn   enough

　　说服　shuōfú   persuasive

　　完善　wánshàn   perfect

　　中肯　zhòngkěn   sincere

3. (1) 四部分，市场定位问题。

　(2) 对将来面临的困难分析得还不够,有些数据还没有充分的说服力。

　(3) 计划对资金与技术问题作了较为全面的分析，很有见地。

　(4) 乔迪的看法是正确的，我们对将来的困难要有充分的准备,这个计划还需进一步完善，把乔迪的意见考虑进去。

4. (1) D　(2) D　(3) A

5. (1) C　(2) A　(3) C

6. (1) 东海　南山　(2) 郎　女

7. (1) A　(2) B　(3) A

第六课　市场定位
Dìliùkè　Shìchǎng Dìngwèi
Lesson Six Market Orientation

课文名称 Lessons Name	市场定位 Shìchǎng Dìngwèi Market Orientation
简单描述 Brief Introduction	布朗与职员研讨市场定位问题。 Bùlǎng yǔ zhíyuán yántǎo shìchǎng dìngwèi wèntí。 Brown discusses the market positioning with his colleagues.
学习目标 Study Objective	了解企业进行市场定位的过程与办法。 Liǎojiě qǐyè jìnxíng shìchǎng Dìngwè·de guòchèng yǔ bànfǎ。 To learn the strategies and processes of market orientation.

商务
汉语

学习时间 Learning Time	65 分钟 65 fēnzhōng 65 mins
在线课程网址 Online Course	www.publicchinese.com

课文　Text

布朗：经过一段时间的市场调查,对竞争对手的基本情况有了一定的了解,今天我们一起来进行比较研究,给我们的产品进行市场定位。

Bùlǎng: Jīngguò yí duàn shíjiān·de shìchǎng diàochá, duì jìngzhēng duìshǒu·de jīběn qíngkuàng yǒu le yídìng·de liǎojiě, jīntiān wǒ·men yìqǐ lái jìnxíng bǐjiào yánjiū, gěi wǒ·men·de chǎnpǐn jìnxíng shìchǎng dìngwèi。

Brown: Well, we have a certain understanding of our competitors after a period of time of market investigation. We will make a comparison and decide our products' orientation.

彼特：我们从竞争对手产品的定位图中能否得到启发?

Bǐtè: wǒ·men cóng jìngzhēng duìshǒu chǎnpǐn·de dìngwèitú zhōng néngfǒu dédào qǐfā。

Peter: Can we get some enlightenment from the orientation diagrams of competitors' products?

刘华：你看A类公司,他们在中国市场上主要经营高档小家电,定价很高。

Liú Huá: Nǐ kàn A lèi gōngsī, tā·men zài Zhōngguó shìchǎng shang zhǔyào jīngyíng gāodàng xiǎo jiādiàn, dìngjià hěn gāo。

Liu Hua: Look at the companies in Group A, they mainly sell the high-grade small electric appliance and the price is set high.

乔迪：这种产品售价太高,市场需要十分有限。

Qiáodí: Zhè zhǒng chǎnpǐn shòujià tàigāo, shìchǎng xūyào shífēn yǒuxiàn。

Jody: So the market demand is very limited because of the high price.

刘华：不一定，中国人的生活质量不断提高，名牌消费意识较强,高档小家电在中国有一定的市场。

Liú Huá: Bù yídìng, zhōngguó rén·de shēnghuó zhìliàng búduàn tígāo, míngpái xiāofèi yìshí jiào qiáng, gāodàng xiǎo jiādiàn zài zhōngguó yǒu yídìng·de shìchǎng。

Liu Hua: Not really, Chinese living quality keep improving and their brand consciousness keep strengthening. So the high-grade electric appliance has its own market.

彼特：我们看B类公司,经营中档产品,他们在中国占有40%以上的市场份额。

Pǐtè: Wǒ·men kàn B lèi gōngsī, jīngyíng zhōng dàng chǎnpǐn, tā·men zài Zhōngguó zhànyǒu 40% yǐshàng·de shìchǎng fèn'é。

Peter: Look at the companies in Group B, they make up 40% of the Chinese market shares, because they sell middle-grade products.

刘华：这是因为中档产品最适应顾客的消费心理。

Liú Huá: Zhè shì yīnwèi zhōngdàng chǎnpǐn zuì shìyìng gùkè·de xiāofèi xīnlǐ。

Liu Hua: It's because goods of middle-grade are most acceptable by customers.

布朗：这类型的公司特别多，竞争也特别激烈。

Bùlǎng: Zhè lèixíng·de gōngsī tèbié duō, jìngzhēng yě tèbié jīliè。

Brown: So companies of this kind are in largest amount. The competition is especially strong. There are a plenty of such companies and also the competitian is veny strohg.

刘华：我们看C类公司，具有很强的开发能力,每年都会推出几款新产品，也能赢得较大的市场。

Liú Huá: Wǒ·men kàn C lèi gōngsī, jùyǒu hěn qiáng·de kāifā nénglì, měinián dōuhuì tuīchū jǐkuǎn xīn chǎnpǐn, yě néng yíngdé jiàodà·de shìchǎng。

Liu Hua: Look at the companies in Group C, they have very strong developing ability. Every year, they put several new kinds of products into the market. And it also earns a large market.

布朗：看来，技术研发也是一个关键，这方面也将是我们的突破口。

Bùlǎng: Kànlái, jìshù yánfā yě shì yí ge guānjiàn, zhè fāngmiàn yě jiāng shì wǒ·men·de tūpòkǒu.

Brown: So technical research is very important. It is a breakthrough for us.

乔迪：我们看D类公司，他们的最大特点就是售后服务很有优势，维修网点遍及全中国，所以产品也很好卖。

Qiáodí: Wǒ·men kàn D lèi gōngsī, tā·men·de zuì dà tèdiǎn jiùshì shòuhòu fúwù hěn yǒu yōushì, wéixiū wǎngdiǎn biànjí quán zhōngguó, suǒyǐ chǎnpǐn yěhěn hǎomài.

Jody: Companies in Group D, the most striking feature is their remarkable after-sale service. The maintenance service network covers all over China, so their goods are attractive as well.

彼特：这类公司的做法值得我们效法，我们一定要把售后服务做好。

Pǐtè: Zhè lèi gōngsī·de zuòfǎ zhídé wǒ·men xiàofǎ, wǒ·men yídìng yào bǎ shòu hòu fúwù zuò hǎo.

Peter: We should provide customers good after-sale service, and we should learn from them.

刘华：我觉得市场上的中高档产品还不多，市场容量还很大，应该很有发展潜力，你们说呢？

Liú Huá: Wǒ jué·de shìchǎng shang·de zhōnggāodàng chǎnpǐn hái bù duō, shìchǎng róngliàng hái hěn dà, yīnggāi hěn yǒu fāzhǎn qiánlì, nǐ·men shuō·ne?

Liu Hua: High and middle grade goods are not so many in the market, its market capacity is large and the develop ment is potential, what do you think?

布朗：我赞同刘华的建议，随着中国人消费水平的不断提高，中高档产品将成为中国小家电的主流消费产品，综合你们的分析，结合我们公司的现状，我认为我们应该力求在技术与质量上力求突破，并做好售后服务建设工作，走中高档产品路线，一定会有更广阔的市场。

Bùlǎng: Wǒ zàntóng Líuhuá·de jiànyì, suí·zhe Zhōngguó rén xiāofèi shuǐpíng·de búduàn tígāo, zhōnggāodàng chǎnpǐn jiāng chéng wéi Zhōngguó xiǎo jiādiàn·de zhǔliú xiāofèi chǎnpǐn, zōngquán nǐ·men ·de fēnxī, jiéhé wǒ ·men gōngsī ·de xiànzhuàng, wǒ rènwéi wǒ ·men yīnggāi lìqiú zài jìshù yǔ zhìliàng shang lìqiú tū pò, bìng zuò hǎo shòuhòu fúwù jiànshè gōngzuò, zǒu zhōnggāodàng chǎnpǐn lùxiàn, yídìng huì yǒu gèng guǎngkuò·de shìchǎng。

Brown: Agree with Liǔ Huá. You know, Chinese consumption level is rising, small electric appliance of high and middle grade will be the main consumption goods. Based on your analysis and our company's present condition. I think we should try to make a breakthrough in technology and quality, at the same time we should build good customer service. We must have a very broad market if we focus on the high and middle grade goods.

乔迪：但价格不能定的太高。

Qiáodí: Dàn jiàgé bùnéng dìng de tàigāo。

Jody: But the price should not be too high.

布朗：具体价格根据实际情况而定。

Bùlǎng: Jùtǐ jiàgé gēnjù shíjì qíngkuàng ér dìng。

Brown: That will depend on the neal conditions.

练习　Exercises

1. 听力

　　Listening

　　（1）刘华：你看A类公司，他们在中国市场上主要经营高档小家电，定价很高。

　　　　乔迪：这种产品售价太高，市场需求十分有限。

　　（2）彼特：我们看B类公司，经营中档产品，他们在中国占有40%以上的市场份额。

　　　　刘华：这是因为中档产品最适应顾客的消费心理。

2. 字词训练

  Words and expressions

竞争	jìngzhēng	keen
比较	bǐjiào	capacity
研究	yánjiū	comparison
消费	xiāofèi	breakthrough
高档	gāodàng	maintenance
份额	fèn'é	share
激烈	jīliè	high grade
突破	tūpò	research
优势	yōushì	consumption
维修	wéixiū	competition
容量	róngliàng	competitive

3. 回答问题（根据课文内容回答下列问题）

  Questions（answer the following questions according to the text）

  （1）刘华为什么说高档小家电在中国市场上会有一定的市场？

  （2）从B公司的定位图中能得到什么启示？

  （3）D公司的最大特点是什么？

  （4）通过讨论，布朗得出的最后结论是什么？

4. 选择合适的词语

  Choose the right words

  （1）这种产品很（   ）
     A. 畅销   B. 畅通   C. 销售   D. 流通
  （2）近年来，人们的生活水平有了很大的（   ）
     A. 升高   B. 提高   C. 改善   D. 改进
  （3）你的这个想法很有（   ）
     A. 独特   B. 创意   C. 创造   D. 特别

5. 连词成句

Reorder the words to make a correct sentence

(1) 问题　这个　重要　非常

(2) 每年　都会　推出　几款　新产品　这个　公司

(3) 产品　这种　很　适应　消费心理　顾客的

6. 填空题

Fill the bracket

(1) 1 (　　　)=7 (　　　)

(2) 1 (　　　)=365(　　　)

(3) 12(　　　)=1 (　　　)

7. 选择题

Single choice

(1) 漂亮的反义词是 (　　　)
　　A. 丑陋　　　B. 好看　　　　C. 愚蠢　　　　D. 妒忌

(2) 团圆的同义词是 (　　　)
　　A. 团结　　　B. 团聚　　　　C. 党员　　　　D. 凝结

(3) 重要的同义词是 (　　　)
　　A. 关键　　　B. 次要　　　　C. 抉择　　　　D. 重视

答案　Answer

2. 竞争　jìngzhēng　　　　competition

比较　bǐjiào　　　　comparison

研究　yánjiū　　　　research

消费　xiāofèi　　　　consumption

高档　gāodàng　　　　high grade

份额　fèn'é　　　　share

激烈　jīliè　　　　keen

突破　tūpò　　　　breakthrough

优势	yōushì	competitive
维修	wéixiū	maintenance
容量	róngliàng	capacity

3.（1）中国人的生活质量不断提高，消费意识较强。

（2）中档产品最适应顾客的消费心理。

（3）他们的最大特点就是售后服务很有优势，维修网点遍及全中国。

（4）我们应该力求在技术与质量上力求突破，并做好售后服务建设工
作，走中高档产品路线，一定会有更广阔的市场。

4.（1）A　（2）B　（3）B

5.（1）这个问题非常重要。

（2）这个公司每年都会推出几款新产品。

（3）这种产品很适应顾客的消费心理。

6.（1）周天　（2）年天　（3）月　年

7.（1）A　（2）B　（3）A

第七课　合作伙伴
Dìqīkè Hézuò Huǒbàn
Lesson Seven Cooperation Partners

课文名称 Lesson Name	合作伙伴 hézuò huǒbàn Cooperation partners
简单描述 Brief Introduction	布朗等人参观信佳电器公司下属电器厂。 Bùlǎng děng rén cānguān xìnjiā diànqì gōngsī xiàzhǔ diànqìchǎng。 Brown visits the subsidiary electronic factory of Xin Jia Appliance Company.
学习目标 Study Objective	如何了解合作伙伴。 Rúhé liǎojiě hézuò huǒbàn。 How to know more about the partners.

学习时间 Learning Time	60 分钟 60 fēn zhōng 60 mins
在线课程网址 Online Course	www.publicchinese.com

课文　Text

布朗：吴经理，你们这个厂的技术设备和生产环境都很好，车间实行了"5S"管理。

Bùlǎng: Wújīnglǐ, ní·men zhège chǎng·de jìshù shèbèi hé shēngchǎn huánjìng dōu hěnhǎo, chējiān shíxíng·le '5S' guǎnlǐ.

Brown: Mr. Wu, the technical equipment and the productive environment here are very good in your factory. And you even take 5S management.

吴伟：几年前，还是一个很不起眼的小厂，现在转型做小家电后，发展十分迅速。

Wú Wiě: Jǐniánqián, háishì yíge hěn bù qǐyǎn·de xiǎochǎng, xiànzài zhuǎnxíng zuò xiǎo jiādiàn hòu, fāzhǎn shífēn xùnsù.

Wu Wei: It was a tiny factory sereral year ago, since we transfer to small electric appliance, we have experiences a boom.

彼特：你们通过了"ISO"质量体系认证吗？

Pǐtè: Nǐ·men tōngguò·le 'ISO' zhìliàng tǐxì rènzhèng·ma?

Peter: Have you pass the quality authentication system of ISO?

刘丽：几年前就通过了。

Liú Lì: Jǐniánqián jiù tōngguò·le.

Liu Li: Well, we got it several years ago.

彼特：现在有多少职工？

Pǐtè: Xiànzài yǒu duōshao zhígōng?

Peter: How many staffs have you got in the factory?

刘丽：1200多人。

Luí Lì: Yīqiān èrbǎ; duō rén.

商务
汉语

Liu Li: About 1200.

布朗：你们生产的小家电市场覆盖率怎样？

Bùlǎng: Ní·men shēngchán·de xiǎo jiādiàn shìchǎng fùgàilǜ zěnyàng?

Brown: How much market shares do you have?

吴伟：因为我们的产品线还很有限，覆盖率还很低。

Wú Wěi: Yīnwèi wǒ·men·de chǎnpǐn xiàn hái hěn yǒuxiàn, fùgàilǜ hái hěn dī。

Wu Wei: It's not too good due to the limited production line.

布朗：现代工业要求专业化和世界性的全面协作。

Bùlǎng: Xiàndài gōngyè yāoqiú zhuānyèhuà hé shìjièxìng·de quán miàn xiézuò。

Brown: Global collaboration are required for developing modern industry.

吴伟：是这样，我们打算和既有资金又有技术的企业合作，共同打造一个小家电王国。

Wú Wěi: Shì zhè yàng, wǒ·men dǎsuàn hé jì yǒu zījīn yòu yǒu jìshù de qǐyè hézuò, gòngtóng dǎzào yíge xiǎo jiādiàn wángguó。

Wu Wei: Yes, we are going to cooperate with the company rich with advanced technology and rich capital to establish a kingdom of small electric appliance.

布朗：我们不谋而合，吴经理，我们可以成为很好的合作伙伴。

Bùlǎng: Wǒ·men bùmóu'érhé, Wú jīnglǐ, wǒmen kěyǐ chéngwéi hěnhǎo·de hézuò huǒbàn。

Brown:We totally agree with each other. Mr. Wu, I think we can be very good partners.

吴伟：是吗？很高兴听到你这么说。

Wú Wěi: Shì·ma? Hěn gāoxìng tīngdào ní zhè·me shuō。

Wu Wei: Really? I am very glad you say that.

布朗：资金不成问题，我们手上还有一些小家电的专利，很值得开发和利用。

Bùlǎng: Zījīn bùchéng wèntí, wǒ·men shǒushang háiyǒu yìxiē xiǎojiādiàn·de zhuānlì, hěn zhí·dé kāifā hé lìyòng。

Brown: Capital should not be a problem; we still have some patents for small electric appliance. It's worth to work for.

吴伟：那好，我们可以进一步的协商吧。

Wú Wěi: Nàhǎo, wǒ·men kéyǐ jìnyíbù·de xiéshāng·ba.

Wu Wei: Terrific! We need further negotiation.

布朗：好的，以后再谈。

Bùlǎng: Hǎo·de, yǐhuò zàitán.

Brown: ok, we talk later.

练习　Exercises

1. 听力

   Listening

   (1) 布朗：吴经理，你们这个厂的技术设备和生产环境都很好，车间实行了"5S"管理。

   　　吴伟：几年前，还是一个很不起眼的小厂，现在转型做小家电后，发展十分迅速。

   (2) 布朗：你们生产的小家电市场覆盖率怎样？

   　　吴伟：因为我们的产品线还很有限，覆盖率还很低。

2. 字词训练

   Words and expressions

伙伴	huǒbàn	partner
电器	diànqì	appliance
不起眼	bùqǐyǎn	tiny and unimportant
转型	zhuǎnxíng	transfer
迅速	xùnsù	rapid
覆盖率	fùgàilǜ	coverage
协作	xiézuò	collaboration
打造	dǎzào	to build
王国	wángguó	realm
协商	xiéshāng	negotiate

3. 判断对错

    （Mark "√" if it is right,othertise "×"）

    （1）刘丽说他们厂今年才通过ISO 质量体系认证。

    （2）因为我们的产品线充足，所以小家电的覆盖率比较高。

    （3）布朗表示愿意和吴经理成为很好的合作伙伴。

    （4）吴伟说希望和既有资金又有技术的企业合作，共同打造一个小
        家电王国。

4. 替换词语

    Replacement exercise

    （1）这个厂自从转型做小家电后，发展十分（迅速）。

        A. 迅猛   B. 飞快   C. 速度   D. 迅捷

    （2）我们的产品线很（有限）。

        A. 充足   B. 少量   C. 稀有   D. 短缺

    （3）现代工业要求专业化和世界性的全面（协作）。

        A 符合   B. 辅助   C. 合作   D. 调节

    （4）这个问题我们可以进一步（协商）

        A. 合作   B. 协调   C. 磋商   D. 运作

5. 连词成句（将下列每组词连成句子）

    Make sentences（reorder the words to make a correct sentence）

    （1）技术   设备   我们   公司的   很好

    （2）说   听到   你   这么   我   高兴

    （3）有   我们   一些   小家电

6. 选择正确的读音

    Choose the right Pinyin

（1）资金（　　）

　　A. zījīn　　　　B. zíjīn　　　　C. zìjin　　　D. zi jin

（2）协调（　　）

　　A. xiétiáo　　B. xiétóng　　C. tiáojiē　　D. xiētóng

（3）全面（　　）

　　A. quánmián　B. quánmiàn　　C. quánxìn　　D. quánmín

7. 选出词语运用正确的一项（　　）

Choose the right one

A. 这个专利很值得（开展）和利用。

B. 这个专利很值得（开发）和利用。

C. 这个专利很值得（发展）和利用。

D. 这个专利很值得（研究）和利用。

答案　Answer

2. 伙伴　huǒbàn　　　　partner

电器　diànqì　　　　appliance

不起眼　bùqǐyǎn　　　tiny and unimportant

转型　zhuǎnxíng　　　transfer

迅速　xùnsù　　　　rapid

覆盖率　fùgàilǜ　　　coverage

协作　xiézuò　　　　collaboration

打造　dǎzào　　　　to build

王国　wángguó　　　realm

协商　xiéshāng　　　negotiate

3.（1）×　（2）×　（3）√　（4）√

4.（1）A　（2）D　（3）C　（4）C

5.（1）我们公司的技术设备很好。

（2）听到你这么说我很高兴。

（3）我们还有一些小家电。

6.（1）A　（2）A　（3）B

7. B

第八课　建立合作关系

DìbāKè Jiànlì hézuò guānxì

Lesson Eight Establish Cooperation Relation

课文名称 Lesson Name	建立合作关系 Jiàn lìHézuò guānxì Establish cooperation relationship
简单描述 Brief Introduction	康利公司与信佳公司建立合作关系。 Kānglì gōngsī yǔ xìnjiā gōngsī jiànlì hézuò guānxì。 Kanlee company establishes cooperation relationship with Xin Jia Company.
习目标 Study Objective	了解与中国企业建立合作关系的过程。 Liǎojiě yǔ Zhōngguó qǐyè jiànlì hézuò guān xì·de guòchéng。 learn about the processes of establishing cooperation relationship with Chinese company

| 学习时间
Learning Time | 50 分钟
50 fēnzhōng
50 mins |
| 在线课程网址
Online Course | www.publicchinese.com |

课文　Text

布朗：吴经理，我们今天就讨论一下合资企业的合同吧。
Bùlǎng: Wú jīnglǐ, wǒ·men jīntiān jiù tǎolùn yíxià hézī qǐyè·de hétong ·ba.
Brown: Mr. Wu, Let's discuss the contract of joint venture.

吴伟：好的，我先说说我的意见，根据我国《中外合资经营企业法》，合资公司是有限责任公司，我们先给合资公司起个好名字吧。
Wú Wěi: Hǎo ·de, wǒ xiān shuōshuo wǒ ·de yìjiàn, gēnjù wǒguó 《zhōng wài hézī jīngyíng qǐyè fǎ》, hézī gōngsī shì yǒuxiàn zérèn gōngsī, wǒ·men xiāngěi hézī gōngsī qǐgè hǎo míngzi ba.
Wu Wei: OK, Let me state my point of views first, according to Law Concerning Chines-Foreign Joint Ventures, the joint venture company should be a limited company. So, let's give a name to our company.

布朗：这个任务就交给你了，在中国开公司，中国人起的名一定响亮。
Bùlǎng: Zhè ge rènwu jiù jiāo gěi nǐ ·le, zài Zhōngguó kāi gōngsī, Zhōngguórén qǐ ·de míng yídìng xiǎngliàng.
Brown: Well, I think you can name it, because to establish a company in China, a name by Chinese must be wonderful.

吴伟：好，我这儿还真有个合适的，叫海佳电器有限公司，怎么样？
Wú Wěi: Hǎo, wǒ zhèr hái zhēn yǒu ge héshì ·de, jiào hǎijiā diànqì yǒuxiàng ōngsī, zěn·me yàng?
Wu Wei: OK, we have a good one here, how about Hai Jia Appliance Limited?

布朗：好，"海佳"像个中外合资公司，与你们的"信佳"也配起来了，就是它了。

Bùlǎng: Hǎo, "hǎijiā" xiàngge zhōng wài hézī gōngsī, yǔ nǐ·men ·de "xìnjiā" yě pèi qǐlai·le, jiù shì tā·le.

Brown: That's great! Since it's a joint venture, Hai Jia is perfectly match with your company's name Xin Jia. That's the one!

吴伟：现在我们就双方出资额、出资比例、出资方式进行商讨。

Wú Wěi: Xiànzài wǒ ·men jiù shuāngfāng chūzī·é, chūzībǐlì, chūzīfāngshì jìnxíng shāngtǎo。

Wu Wei: Now, let's talk about the investment, share ratio and funding shategy.

布朗：根据合资企业法的规定,外国合营者的出资比例一般不低于25%，但我们还希望占据更高比例的投资。

Bùlǎng: Gēnjù hézī qǐyè fǎ de guīdìng,wàiguó héyíngzhě·de chūzī bǐlì yìbān bù dīyú25%，dàn wǒ·men hái xīwàng zhànjù gènggāo bǐlì de tóuzī。

Brown: According to the legulation, foeign investment ratio should not be less than 25%, but we wish to take up more.

吴伟：合资各方是按出资比例分享利润的，不过出资比例越高,风险也越大。

Wú Wiě: Hézī gèfāng shì àn chūzī bǐlì fēnxiǎng lìrùn ·de, búguò chūzī bǐlì yuè gāo, fēngxiǎn yě yuè dà。

Wu Wei: Each party shares base on their ratio of investment, however, the higher investment, higher risks.

布朗：当然，我们将按出资的比例分担风险和亏损。

Bùlǎng: Dāngrán,wǒ·men jiāng àn chūzī·de bǐlì fēndān fēngxiǎn hé kuīsǔn。

Brown: Certainly, we will bear the risks and the loss accordingly.

吴伟：按规定，合资企业各方可以用现金、也可以用实物、工业产权等作价出资。以货币出资的最低限额为公司注册资本的50%。

Wú Wěi: An guīdìng, hézī qǐyè gèfāng kěyǐ yòng xiànjīn, yě kéyǐ yòng shíwù、gōngyè chǎnquán děng zuò jià chū zī。Yǐ huòbì chūzī·de zuìdī xiàn'é wéi gōngsī zhùcè zīběn·de 50%。

Wu Wei: According to the regulation, each party can use cash, substances, industrial property right as investment property. The minimum of capital investment should not be less than 50% of tatal amoant.

布朗：这都没问题，我们的资金可以一次到位。

Bùlǎng: Zhè dōu méi wèntí, wǒ·men·de zījīn kěyǐ yícì dàowèi。

Brown: No problem, we can invest that amount of money at one time.

吴伟：那太好了，我们以后就按合同办事吧。

Wú Wěi: Nà tài hǎo·le, wǒ·men yǐhòu jiù àn hétong bànshì·ba。

Wu Wei: That's great! Later, let's work under the contract.

练习 Exercises

1. 听力

Listening

(1) 布朗：这都没问题，我们的资金可以一次到位。

吴伟：那太好了，我们以后就按合同办事吧。

(2) 吴伟：现在我们就双方出资额、出资比例、出资方式进行商讨。

布朗：根据合资企业法的规定，外国合营者的出资比例一般不低于25%，但我们还希望承担更高比例的投资。

2. 字词训练

Words and expression

建立	jiànlì	ratio
名字	míngzì	ready
响亮	xiǎngliàng	establish
商讨	shāngtǎo	name
比例	bǐlì	talk about/negotiate
占据	zhànjù	take up
风险	fēngxiǎn	capital
注册	zhùcè	wonderful
资本	zīběn	risk
到位	dàowèi	enroll

3. 判断对错

(Mark "√" if it is right,othervise "×")

(1) 吴伟给公司取的名字是海信电器有限公司。

(2) 布朗：根据合资企业法的规定,外国合营者的出资比例一般高于 25%。

(3) 合资各方是按出资比例分享利润的,出资比例越高,风险也越小。

(4) 布朗承诺资金不成问题，一次性解决。

4. 替换词语

Peplacement exercise

(1) 我们要给公司起一个（响亮）的名字

    A. 大声   B. 明亮   C. 醒目   D. 美好

(2) 我们以后就（按照）合同办事吧。

    A. 依据   B. 照明   C. 据有   D. 遵守

(3) 我们现在来（讨论）一下这个问题吧。

    A. 谈论   B. 议论   C. 商讨   D. 说明

5. 选择合适的关联词语

Choose the right conjunction words

(1) 你不但会说,（   ）会做。

    A. 而且   B. 还是   C. 而是   D. 但是

(2) 尽管天很冷，她（   ）是坚持去上学。

    A. 虽然   B. 而是   C. 不但   D. 还

(3)（   ）她很丑，但是她很温柔。

    A. 虽然   B. 不但   C. 只要   D. 如果

6. 填空题

Fill the bracket

(1) 1(   )=24(   )

(2) 1(   )=30(   )

(3) 3600(   )=1(   )

7. 选出意思不同的一句（   ）

Choose the one with different meaning from others

A. 你这件衣服好漂亮。

B. 你这件衣服非常漂亮。

C. 我不得不夸你这件衣服漂亮。

D. 你这件衣服怎么称得上漂亮。

答案　Answer

2. 建立　jiànlì　　　　　　establish

　　名字　míngzi　　　　　　name

　　响亮　xiǎngliàng　　　　wonderful

　　商讨　shāngtǎo　　　　　talk about/negotiate

　　比例　bǐlì　　　　　　　ratio

　　占据　zhànjù　　　　　　take up

　　风险　fēngxiǎn　　　　　risk

　　注册　zhùcè　　　　　　enroll

　　资本　zīběn　　　　　　capital

　　到位　dàowèi　　　　　　ready

3. (1) √　(2) √　(3) ×　(4) √

4. (1) C　(2) A　(3) C

5. (1) A　(2) D　(3) A

6. (1) 天　小时　(2) 月　天 (3) 秒　小时

第九课　招聘职员
DìjiǔKè Zhāopìn Zhíyuán
Lesson Nine Recruitment

课文名称 Lesson Name	招聘职员 Zhāopìn zhíyuán Recruitment
简单描述 Brief Introduction	布朗在办公室招聘新员工。 Bùlǎng zài bàngōngshì zhāopìn xīn yuángōng。 Brown is interviewing the candidates at his office.
学习目标 Study Objective	在中国如何招聘新员工。 Zài Zhōngguó rúhé zhāopìn xīn yuángōng。 To learn how to recruit new employees in China.
学习时间 Learning Time	60分钟 60 fēnzhōng 60 mins

在线课程网址 Online Course	www.publicchinese.com

课文　Text

布朗：请下一位！

Bùlǎng: Qǐng xià yíwèi!

Brown: Next one, please!

詹妮：王华英。

Zhānní: Wáng Huáyīng。

Jenny: Wang Huaying.

布朗：王小姐所学的专业与我们的要求不太相符呀。

Bùlǎng: wáng xiǎojiě suǒxué·de zhuānyè yǔ wǒ·men·de yāoqiú bútài xiāng fú·ya。

Brown: Well, Ms Wang, the major you learned seems not suitable for us.

王华英：但我在这方面有多年的从业经验,有时实践所学的知识比书本知识更有用。

Wáng Huáyīng: Dàn wǒ zài zhè fāngmiàn yǒu duō nián·de cóngyè jīngyàn, yǒu shí shíjiàn suǒ xué·de zhīshi bǐ shūběn zhīshi gèng yǒu yòng。

Wang Huaying: Yes, it is, but I have been working in this line for many years, you know, sometimes, what you learn from practice is much more important than what you learn from books.

布朗：那么，你在实践中学到了哪些有用的知识呢?

Bùlǎng: Nà·me, nǐzài shíjiàn zhong xuédào·le nǎxiē yǒuyòng·de zhīshi·ne?

Brown: So, may I ask what you have learned from working.

王华英：这在我的求职书上都有详细的表述,我想您肯定对我的求职材料作过了解。

Wáng Huáyīng: Zhè zài wǒ·de qiúzhíshū shang dōu yǒu xiángxì·de biǎoshù, wǒ xiǎng nín kěndìng duì wǒ·de qiúzhí cáiliào zuòguò liǎojiě。

Wang Huaying: Yes, I have stated in detailed in my resume. I think you must have read it throughly.

布朗：单看你的简历，你是一个很优秀的职员，不知你的实际能力怎样？

Bùlǎng: Dān kàn nǐ·de jiǎnlì, nǐshì yíge hěn yōuxiù·de zhíyuán, bù zhīnǐ·de shíjì nénglì zěnyàng?

Brown:I have read your resume; you are a very good employee, but how about your practical capability?

王华英：如果您给一个机会，我将还您一个惊喜，我的工作表现一定不会让您失望。

Wáng Huáyīng: Rúguǒ nín gěi yíge jīhuì, wǒ jiāng huán nín yíge jīngxǐ, wǒ·de gōngzuò biǎoxiàn yídìng búhuì ràng nín shīwàng。

Wang Huaying: I will give you a surprise if I had a chance. I will not disappoint you.

吴伟：你为什么选择我们公司？

Wú Wěi: Nǐ wèi shén·me xuǎnzé wǒ·men gōngsī?

Wu Wei: Why do you choose our company?

王华英：贵公司是世界著名的超级跨国公司，是本行业的龙头企业，当然成为我的首选。

wáng Huáyīng: Guì gōngsī shì shìjiè zhùmíng·de chāojí kuàguó gōng sī, shì běnhángyè·de lóngtóu qǐyè, dāngrán chéngwéi wǒ·de shǒuxuǎn。

Wang Huaying: Well, your company is a world-famous multinational company, and a top company in this field. So it is my first choice.

布朗：看来，你对我们公司很了解。

Bùlǎng: Kànlái, nǐduì wǒ·men gōngsī hěn liǎojiě。

Brown:It seems that you have a very good understanding of our company.

王华英：面试前我从网上和专业资讯上对贵公司作过较全面的了解，你们的企业文化对我很有诱惑力。

Wáng Huáyīng: Miànshì qián wǒ cóng wǎngshang hé zhuānyè zīxùn shang duì guì gōngsī zuò guo jiào quánmiàn·de liǎojiě, ní·men·de qǐyè wénhuà duì wǒ hěn yǒu yòuhuòlì。

Wang Huaying: Before the interview, I got comprehensive information about your company from the internet However, the corporate culture rally attract me.

吴伟：诱惑力，你说说看。

Wú Wěi: Yòuhuòlì, nǐ shuōshuo kàn。

Wu Wei: Could you tell us what aspects a Hract you alot?

王华英：你们"以人为本"的发展理念和"识而优则上，绩而优则惠"的用人机制令我神往。

Wáng Huáyīng: Nǐ·men "yǐ rén wéi běn" ·de fāzhǎn lǐniàn hé "shí ér yōu zé shàng, jì ér yōu zé huì" ·de yòngrén jīzhì lìng wǒ shénwǎng。

Wang Huaying: Well, you have a very attractive incentive regime and trains staffs continually.

布朗：好了，你明天来上班吧。

Bùlǎng: Hǎole, nǐ míngtiān lái shàngbān·ba。

Brown: Good! Please come to work tomorrow.

王华英：谢谢您的赏识。

Wáng Huáyīng: Xiè·xie nín·de shǎngshí。

Wang Huaying: Thank you!

吴伟：你觉得她很合适吗？

Wú Wěi: Nǐ juéde tā hěn héshì·ma?

Wu Wei: Do you think she's qualified?

布朗：她不是很认可我们的企业文化吗？人才难得呀！

Bùlǎng: Tā búshì hěn rènkě wǒ·men·de qǐyé wénhuà·ma? Réncái nándé·ya!

Brown: Well, she agrees with our corporate culture. Such talent is hard to come by!

练习 Exercises

1. 听力

　Listening

　（1）布　　朗：单看你的简历，你是一个很优秀的职员,不知你的实际
　　　　　　　能力怎样?

　　　　王华英：如果您给一个机会,我将还您一个惊喜,我的工作表现
　　　　　　　一定不会让您失望。

　（2）吴　　伟：你为什么选择我们公司?

　　　　王华英：贵公司是世界著名的超级跨国公司,是本行业的龙头
　　　　　　　企业,当然成为我的首选。

2. 字词训练

　Words and expressions

招聘	zhāopìn	excellent
相符	xiāngfú	attract
表述	biǎoshù	disappoint
简历	jiǎnlì	resume
优秀	yōuxiù	recruitment
机会	jīhuì	locomotive company
惊喜	jīngxǐ	surprise
失望	shīwàng	description
龙头	lóngtóu	chance
诱惑	yòuhuò	be suitable for

3. 回答问题（根据课文内容回答下列问题）

　Questions（answer the following questions according to the text）

　（1）本文中求职者的姓名是什么?

　（2）布朗先生认为王小姐专业怎样?

　（3）王小姐为什么会选择这个公司?

（4）王小姐最终面试结果怎样？

4. 选择合适的词语

Single choice

（1）你的条件与我们的要求不相（　　）

　　A. 符合　　　　B. 合适　　　　C. 合乎　　　　D. 搭配

（2）你表现得非常（　　）

　　A. 优异　　　　B. 优良　　　　C. 出色　　　　D. 良好

（3）做了一个明智的（　　）

　　A. 选择　　　　B. 抉择　　　　C. 选取　　　　D. 特殊

5. 连词成句

Reorder the words to make a correct sentence

（1）一定　不会　失望　让你　我

（2）给　一个　机会　我　还　一个　你　惊喜

（3）自信　我　胜任　能　这份　工作

6. 填写词语

Fill in the blank to complete the sentence

（1）在生意场上，中国有句老话叫（　　）气（　　）财

（2）在新的一年里，祝你万（　　）如（　　）。

（3）愿我们的合作一（　　）风（　　）。

7. 选择题

Single choice

（1）大的反义词是（　　）

　　A. 渺茫　　　　B. 渺小　　　　C. 微小　　　　D. 轻微

（2）的反义词是（　　）

　　A. 曲折　　　　B. 苦难　　　　C. 艰苦　　　　D. 痛苦

（3）幸福的同义词是（　　）

　　A. 美好　　　　B. 美丽　　　　C. 顺利　　　　D. 幸运

答案 Answer

2. 招聘   zhāopìn   recruitment

    相符   xiāngfú   be suitable for

    表述   biǎoshù   description

    简历   jiǎnlì   resume

    优秀   yōuxiù   excellent

    机会   jīhuì   chance

    惊喜   jīngxǐ   surprise

    失望   shīwàng   disappoint

    龙头   lóngtóu   locomotive company

    诱惑   yòuhuò   attract

3. (1) 华英。

   (2) 布朗认为王小姐所学的专业与他们的要求不太相符。

   (3) 这个公司是世界著名的超级跨国公司，是本行业的龙头企业。

   (4) 被聘用。

4. (1) A   (2) C   (3) A

5. (1) 我一定不会让你失望。

   (2) 给我一个机会，还你一个惊喜。

   (3) 我自信能胜任这份工作。

6. (1) 和   生   (2) 事   意   (3) 帆   顺

7. (1) B   (2) A   (3) A

第十课　职员培训
DìshíKè Zhíyuán péixùn
Lesson Ten Training

课文名称 Lesson Name	职员培训 Zhíyuán péixùn Training
简单描述 Brief Introduction	一批新员工在公司信息部接受培训。 Yìpī xīn yuángōng zài gōngsī xìnxībù jiēshòu péixùn。 A batch of new employees are trained in the Information Department
学习目标 Study Objective	如何在企业内部培训新员工。 Rúhé zài qǐyè nèibù péixùn xīnyuángōng。 To learn how to train new employee

学习时间 Learning Time	50 分钟 50 fēn zhōng 50 mins
在线课程网址 Online Course	www.publicchinese.com

课文　Text

彼特：这次带你们到公司信息部参观学习，你们可得动脑子哟。

Bǐtè: Zhècì dài nǐ·men dào gōngsī xìnxībù cānguān xuéxí, nǐ·men kéděi dòngnǎo·zi·yo。

Peter: We are going to talle you to visit the information department to study. So, you have to he smart.

王华英：培训后要进行考核吗？

Wáng Huáyīng: Péixùn hòu yào jìnxíng kǎohé·ma?

Wang Huaying: Will we be examined after training?

彼特：是的，这是我们的既定程序。

Bǐtè: Shì·de, zhèshì wǒ·men·de jìdìng chéngxù。

Peter: Sure, it's a our procedure.

科比：欢迎你们到信息部参观！

Kēbǐ: Huānyíng nǐ·men dào xìnxībù cānguān。

Corby: Welcome to Information Department!

王华英：科比先生，你们的工作职责是什么？

Wáng Huáyīng: Kēbǐ xiānsheng, nǐ·men·de gōngzuò zhízé shì shén·me?

Wang Huaying: Mr. Corby, what's your job about?

科比：进行信息处理和分析。

Kēbǐ: Jìnxíng xìnxī chǔlǐ hé fēnxī。

Corby: It's mainly about the information processing and analyzing.

彼特：我们公司的计算机全部联网了，信息部可以将信息处理和分析的结果让我们共享，这些信息可以帮助我们更好的开展工作，更为重要的是指导我们的公司管理。

Bǐtè: Wǒ·men gōngsī·de jìsuànjī quánbù liánwǎng·le, xìnxībù kěyǐ jiāng xìnxī chǔlǐ hé fēnxī·de jiéguǒ ràng wǒ·men gòngxiǎng, zhèxiē xìnxī kěyǐ bāngzhù wǒ·men gènghǎo·de kāizhǎn gōngzuò, gèngwéi zhòngyào·de zhǐdǎo wǒ·men·de gōngsī guǎnlǐ.

Peter: All the computers in our company are linked together. We can share the information and work more efficiently The most important is that it guides company's administration.

科比: 这是我们公司与其他公司最大的不同点，但要做到这一点并不难，因为这不完全是技术问题，而是企业管理的观念问题。

Kēbǐ: Zhèshì wǒ·men gōngsī yǔ qítā gōngsī zuìdà·de bùtóngdiǎn, dàn yào zuòdào zhè yìdiǎn bìng bùnán, yīnwèi zhèbù wánquán shì jìshù wèntí, ér shì qǐyè guǎnlǐ·de guānniàn wèntí.

Corby: This distinguishes our company greatly from other companies. To achieve this object is not very difficult. Because it is not a question of technology, it is a question of administration ideal.

彼特: 科比说得很对，现在每一个企业都面临来自世界企业的挑战，这就迫使我们抛弃传统的管理方式，广泛利用信息系统进行企业决策和管理。

Bǐtè: Kēbǐ shuōde hěnduì, xiànzài měiyíge qǐyè dōu miànlín láizì shìjiè qǐyè·de tiǎozhàn, zhèjiù pòshǐ wǒ·men pāoqì chuántǒng·de guǎnlǐ fāngshì, guǎngfàn lìyòng xìnxī xìtǒng jìnxíng qǐyè juécè hé guǎnlǐ.

Peter: Corby is right. We have to keep innovation and fully take the advantage of information technology.

胡有才: 信息就是金钱，就是效益，这话一点不假。

Hú Yǒucái: Xìnxī jiùshì jīnqián, jiùshì xiàoyì, zhè huà yìdiǎn bùjiǎ.

Hu Youcai: Information is money.

彼特: 信息还是企业进行决策的依据,这个问题对于高层管理来说更为重要。

Bǐtè: Xìnxī hái shì qǐyè jìnxíng juécè·de yījù, zhège wèntí duìyú gāo céng guǎnlǐ lái shuō gèng wéi zhòngyào。

Peter: The decision making must be made base on the information,it's very important to the top managers.

王华英：科比先生，您这上面都是些什么信息呢？

Wáng Huáyīng: Kēbǐxiānsheng, nín zhè shàngmian dōu shìxiē shén·me xìnxī·ne。

Wang Huaying:Mr. Corby, What's this information about?

科比：这是一个信息系统，分为外部信息和内部信息。

Kēbǐ: Zhèshì yíge xìnxī xìtǒng, fēnwéi wàibù xìnxī hé nèibù xìnxī。

Corby: This is an information system; it's divided into external and internal information.

胡有才：您给我们解释一下。

Hú Yǒucái: Nín gěi wǒ·men jiěshì yíxià。

Hu Youcai: Please explain it to us?

科比：你们看，这是各贸易国和地区政治、经济、商贸法规等信息以及同行业的相关信息，被列为外部信息；这是我们企业内部各管理部门、各管理层次、职工之间所产生的有效信息，我们称之为内部信息。

Kēbǐ: Ní·men kàn, zhèshì ge màoyìguó hé dìqū zhèngzhì、 jīngjì、 shāngmào fǎguī děng xìnxī yǐjí tónghángyè·de xiāngguān xìnxī, bè ilièwéi wàibù xìnxī; zhèshì wǒ·men qǐyè nèibù gè guǎnlǐ bùmén、 gègguǎnlǐ céngcì、 zhígōng zhījiān suǒ chǎnshēng·de yǒuxiào xìnxī, wǒmen chēngzhī wéi nèibù xìnxī。

Corby: Look, the external information includes the politician, economic, trade and laws of every country and region. The information about administration management of the company are called internal information.

彼特：这些信息可以帮助我们在最短的时间内了解更多，提高我们的工作效能，因此要求你们必须具有获取和使用信息的能力。

Bǐtè: Zhèxiē xìnxī kěyǐ bāngzhù wǒ·men zài zuìduǎn·de shíjiān nèi liǎojiě gèngduō, tígāo wǒ·men·de gōngzuò xiàonéng, yīncǐ yāoqiú nǐ·men bìxū jùyǒu huòqǔ hé shǐyòng xìnxī·de nénglì。

Peter: This information helps us learn more in the shortest time and increase our working efficiency. Therefore you must know how to access the information.

众人：我们一定会努力的。

Zòngrén: Wǒ·men yídìng huì nǔlì·de。

Employees: We will try our best.

练习 Exercises

1. 听力

Listening

彼　特：这次带你们到公司信息部参观学习，你们可得动脑子哟。

王华英：培训后要进行考核吗？

彼　特：是的，这是我们的既定程序。

科　比：欢迎你们到信息部参观！

王华英：科比先生，你们工作职责是什么？

科　比：进行信息处理和分析。

2. 字词训练

Words and expressions

培训	péixùn	to guide
考核	kǎohé	to utilize
共享	gòngxiǎng	to share
指导	zhǐdǎo	examination
观念	guānniàn	to abandon
挑战	tiǎozhàn	to explain
抛弃	pāoqì	to access
决策	juécè	to make decisions
解释	jiěshì	to challenge
获取	huòqǔ	idea
使用	shǐyòng	training

3. 选出用词不正确的句子

Choose the wrong one

（1）A. 培训后要进行（考核）吗？

068

　　　B. 税务人员正在对王明公司的账目进行（审核）。

　　　C. 我们应该尽可能的（提高）我们的工作效能。

　　　D. 为了民族的明天我们应该努力（提升）我们个人的体质。

（2）A. 赞姆在对新员工进行（培训）。

　　　B. 我们要注重（培育）我们的下一代。

　　　C. 袁隆平（培植）出水稻新品种。

　　　D. 王新（培养）了一只可爱的小猫。

4. 连词成句（将下列每组词连成句子）

Make sentences （reorder the words to make a correct sentence）

（1）既定　这是　的　程序　我们

（2）信息部　参观　欢迎　到　你们

（3）获取　使用　信息　具有　你们　必须　和　的　能力

（4）开展　工作　可以　我们　帮助　更好的

5. 替换词语

Replacement exercise

（1）但要做到这一点（并不难）。

　　　A. 很难　　　　B. 困难　　　　C. 不容易　　　　D. 很容易

（2）信息部可以将信息处理和分析的结果让我们（共享）。

　　　A. 共有　　　　B. 享受　　　　C. 分享　　　　D. 共通

（3）信息还是企业进行决策的（依据）。

　　　A. 根据　　　　B. 依靠　　　　C. 证据　　　　D. 剧本

6. 将以下句子按正确顺序排列

Reorder the sentences to make a correct paragraph

（1）①我独自坐在幽深的树林里

　　　②但是竹林之中没有人能了解我

　　　③只有一轮明月静静地照着我

　　　④抚琴高歌

A. ①②③④　　　　　　B. ①③④②

C. ①④②③　　　　　　D. ③④②①

(2) ①因此他决定到远方寻找

②他在附近找了很久

③有位喜爱天鹅的先生很想得到一只天鹅

④却连一只天鹅的影子也没有发现

A. ③④②①　　　　　　B. ③①④②

C. ③②①④　　　　　　D. ③②④①

7. 选出有语病的一句

Choose the wrong one

(1) (　　　)

A. 暂住证对于保障外地人的权利弊多利少。

B. 在国际政治中信任是国家间交往的重要软性资源。

C. 双方间的经贸关系近年来一起得到了培育和生长。

D. 中国与东亚国家彼此珍惜东亚世界的共同发展和繁荣。

(2) (　　　)

A. 西部地区经济发展的主要问题是要解决融资渠道和金融服务。

B. 金融制度要经过怎样的改革才能满足西部发展的需要?

C. 货币政策传导机制的扭曲导致资金无法进入流通领域。

D. 这可以作为此份报告十分最明确且核心的结论。

答案　Answer

2. 培训　péixùn　　　　　training

考核　kǎohé　　　　　examination

共享　gòngxiǎng　　　　to share

指导　zhǐdǎo　　　　　to guide

观念　guānniàn　　　　idea

挑战　tiǎozhàn　　　　to challenge

抛弃　pāoqì　　　　　to abandon

决策　juécè　　　　　to make decisions

解释　jiěshì　　　　　　to explain

获取　huòqǔ　　　　　　to access

使用　shǐyòng　　　　　to utilize

3. (1) D　(2) D

4. (1) 这是我们的既定程序。

　　(2) 欢迎你们到信息部参观！

　　(3) 你们必须具有获取和使用信息的能力。

　　(4) 可以帮助我们更好的开展工作。

5. (1) D　(2) C　(3)A

6. (1) C　(2) D

7. (1) D　(2) D

第十一课　技术设计
Dìshíyīkè Jìshù Shèjì
Lesson Eleven Technology Design

课文名称 Lesson Name	技术设计 jìshù shèjì Technology training
简单描述 Brief Introduction	布朗参加产品开发部的设计研讨会议。 Bùlǎng cānjiā chǎnpǐn kāifā bù·de shèjì yántǎo huìyì。 Mr. Brown is taking part in a designing research meeting held by Products Developing Department.
学习目标 Study Objective	了解工业设计对企业产品推广的重要性。 Liǎojiě gōngyè shèjì duì qǐyè chǎnpǐn tuīguǎng·de zhòngyào xìng。 To learn how the industry design are important to products promotion.

商务
汉语

学习时间 Learning Time	60 分钟 60 fēn zhōng 60 mins
在线课程网址 Online Course	www.publicchinese.com

课文 Text

李海：欢迎布朗先生参加我们的研讨会议。

Lǐ hǎi: Huānyíng Bùlǎng xiānsheng cānjiā wǒ·men·de yántǎo huìyì。

Li Hai: Mr. Brown, welcome to the symposium.

布朗：今天列席你们的会议，主要是向你们学习。

Bùlǎng: Jīn tiānlièxí nǐ·men·de huìyì, zhǔyào shì xiàng nǐmen xuéxí。

Brown: The purpose of my attending is to learn from you.

詹姆：那我们开始吧。

ZhānMǔ: Nà wǒ·men kāishǐ·ba。

Jame: Let's begin.

李海：大家都十分清楚，我们的技术设计力量还较薄弱,而公司给我们的任务很重，我们走的是中高档产品路线，对我们技术设计人员的要求更高，希望我们共同努力，不负使命。

Lǐ Hǎi: Dàjiā dōu shífēn qīngchǔ, wǒ·men·de jìshù shèjì lìliàng hái jiào bóruò, ér gōngsī gěi wǒmen·de rènwu hěnzhòng, wǒ·men zǒu·de shì zhōng gāo dàng chǎnpǐn lùxiàn, duì jìshù shèjì rén yuán·de yāoqiú gèng gāo, xīwàng wǒ·men gòngtóng nǔlì, búfùshǐmìng。

Li Hai: We all know that our technology design ability is comparatively weak, but the vesponsibilities are heavy. We aim the high and middle-grede product. This proposes higher requirements for technical designers. Let's work hard together and acconcpalish the task.

詹姆：我们公司自主开发的产品还不多,所以我们的重点是多开发几款有市场前景的新产品。

Zhānmǔ: Wǒmen gōngsī zìzhǔ kāifā·de chǎnpǐn hái bù duō, suǒ yǐ wǒ·men·de zhòngdiǎn shì duō kāifā jǐ kuǎn yǒu shìchǎng qiánjǐng ·de xīn chǎnpǐn.

Jame: Products we are developed independently by our company are not too many, so we have to develop more and more new products.

李海：公司给了我们一个明确的指标，今年要有五款新产品投入生产。我想，如果我们集体攻关，是能够完成的。

Lǐ Hǎi: Gōngsī gěi·le wǒ·men yí ge míngquè·de zhǐbiāo, jīnnián yào yǒu wǔ kuǎn xīn chǎnpǐn tóurù shēngchǎn. Wǒ xiǎng, rúguǒ wǒ·men jítǐgōngguān, shìnénggòu wánchéng·de.

Li Hai: Our company has set a specific target for us, that's, five kinds of new products will be put into production this year. I think, if we try hard to overcome the difficulties together, we can reach the target.

张启国：我们应该重点谈谈如何使我们设计的产品能够真正让老百姓喜欢，并具有很强的市场占有能力。

Zhāng Qǐguó: Wǒ·men yīnggāi zhòngdiǎn tántan rúhé shǐ wǒ·men shèjì·de chǎnpǐn nénggòu zhēnzhèng ràng lǎobǎixìng xǐhuan, bìng jùyǒu hěn qiáng·de shìchǎng zhànyǒu nénglì.

Zhang Qiguo: We should mainly talk about what kind of desiqn the consumers will take and is very possible to take up the main market.

李海：张工说得很好，工业设计是为市场服务的，我们的工作应该以市场为导向，如果开发出的产品虽然获得了专利，但没有市场，也是不可取的。

Lǐ Hǎi: Zhāng gōng shuō ·de hěn hǎo, gōngyè shèjì shì wèi shìchǎng fúwù·de, wǒ·men·de gōngzuò yīnggāi yǐ shìchǎng wéi dǎoxiàng, rúguǒ kāifā chū·de chǎnpǐn suīrán huòdé·le zhuānlì, dàn méiyǒu shìchǎng, yě shì bù kě qǔ·de.

Li Hai: Our engineer Zhang is right, the designing must be base on market trend. Although we are given patent. it is unmeaningful if there is no market for this products.

詹姆：从市场部得到的信息，现在市面上的厨房小家电十分好卖，但产品质量和安生性都不是很好，档次也不高，我们是否从这方面入手开发新的产品。

Zhānmǔ: Cóng shìchǎngbù dédào·de xìnxī, xiànzài shìmiàn shang ·de chúfáng xiǎojiādiàn shífēn hǎo mài, dàn chǎnpǐn zhìliàng hé ānquánxìng dōu bú shì hěn hǎo, dàngcì yě bú gòu gāo, wǒ·men shìfǒu cóng zhè fāngmiàn rùshǒu kāifā xīn·de chǎnpǐn。

Jame: We get information from the Information Department that now, the small electric appliance of middle–grade are popular, but their quality and security are not very satisfactory. we may focus on these kinds of products.

李海：对，这是我一直在思考的问题，我们曾开发过这方面的产品，很受市场欢迎，我们应该继续加大这方面的力度。

Lǐ Hǎi: Duì, zhè shì wǒ yìzhí zài sīkǎo·de wèntí, wǒ·men céng kāifā guo zhè fāngmiàn·de chǎnpǐn, hěn shòu shìchǎng huānyíng, wǒ·mén yīnggāi jìxù jiā dà zhè fāngmiàn·de lìdù。

Li Hai: Yes, this is the question I have long been considering for a long time. We developed these products before, they were populous, we should continue strengthening our efforts in this respect.

张启国：我们中国人也越来越重视厨房的建设了，这个主意不错。

Zhāng Qǐguó: Wǒ ·men zhōngguórén yě yuè lái yuè zhòngshì chúfáng·de jiànshè·le, zhè ge zhǔyì búcuò。

Zhang Qiguo: It's really a good idea, you know, Chinese people becomes more care for kitchen desiqn.

布朗：我认为产品要有销售力就要解决产品创新的有效性问题，而产品创新的有效性主要体现在产品的设计上。在现代营销中，企业的产品需要改变，需要用设计把握顾客的感觉。用设计把握消费者的心就要构思艺术化、人性化、科学化的产品，这样的产品才更有魅力，才能更为消费者接受。

Bùlǎng: wǒ rènwéi chǎnpǐn yào yǒu xiāoshòulì jiù yào jiějué chǎnpǐn chuàngxīn·de yǒuxiàoxìng wèntí, ér chǎnpǐn chuàngxīn·de yǒuxiàoxìng zhǔyào tǐxiàn zài chǎnpǐn·de shèjì shang。 zài xiàndài yíngxiāo zhōng, qǐyè·de chǎnpǐn xūyào gǎi biàn, xūyào yòng shèjì

bǎwǒò gùkè·de gǎnjué。Yòng shèjì bǎwǒ xiāofèizhě·de xīn jiù yào
gòusī yìshùhuà、rénxìnghuà、kēxuéhuà·de chǎnpǐn，zhèyàng de
chǎnpǐn cái gèng yǒu mèilì，cái néng gèng wèi xiāofèizhě jiēshòu。

Brown: The innoration determine if the products is marketable and innovation is shown in prodnct design. Therefore,the product design must be creative,refleatire, distinguishable to attract more and more consumers.

练习　Exercises

1. 听力
   Listening
   李海：欢迎布朗先生参加我们的研讨会议。
   布朗：今天列席你们的会议，主要是向你们学习。
   詹姆：那我们会议开始吧。
   李海：大家都十分清楚，我们的技术设计力量还较薄弱，而公司给我们的任务很重，我们走的是中高档产品路线，对我们技术设计人员的要求更高，希望我们共同努力，不负使命。
   詹姆：我们公司自主开发的产品还不多，所以我们的重点是多开发几款有市场前景的新产品。
   李海：公司给了我们一个明确指标，今年要有五款新产品投入生产。我想，如果我们集体攻关，是能够完成的。

2. 字词训练
   Words and expressions

列席	lièxí	possession ability
薄弱	bóruò	overcome the difficulties
路线	lùxiàn	l
使命	shǐmìng	weak
前景	qiánjǐng	kitchen
指标	zhǐbiāo	charm
集体	jítǐ	nature
攻关	gōngguān	mission
老百姓	lǎobǎixìng	common people

占有	zhànyǒu	attend
导向	dǎoxiàng	together
厨房	chúfáng	prospect
构思	gòusī	conceive
艺术	yìshù	to guide
人性	rénxìng	

（ ...cording to the text ）

...？

...畅销?

...?

露线　　D. 使命

思考　　D. 营消

感觉　　D. 橱房

（1）我们公司目主主开发的产品还不多，（　　　）我们的重点是多开发
几款有市场前景的新产品。

A. 所以　　　　B. 虽然　　　　C. 然而　　　　D. 因为

(2) 我们的工作应该以市场为导向,（　　）开发出的产品虽然获得了专利,（　　）没有市场,也是不可取的。

A. 因为　所以　　　　　　　　B. 虽然　但是

C. 不仅　而且　　　　　　　　D. 如果　但是

(3) 现在市面上的厨房小家电十分好卖,（　　）产品质量和安生性都不是很好,档次也不高,我们是否从这方面入手开发新的产品。

A. 而且　　　　B. 但是　　　　C. 只有　　　　D. 而是

6. 词语搭配

Matching exercise

A. 家庭　　　　　　　　H. 日新月异

B. 地理位置　　　　　　I. 整齐

C. 变化　　　　　　　　J. 和睦

D. 历史　　　　　　　　K. 安定

E. 资源　　　　　　　　L. 优越

F. 社会　　　　　　　　M. 丰富

G. 排列　　　　　　　　N. 悠久

7. 成语填空

Fill the blank to complete idiom

(1) 万事（　　）意　　(2) 合家（　　）乐　　(3) 锦绣（　　）程

(4) 尽力（　　）为　　(5) 兢兢（　　）业　　(6) 惊天（　　）地

(7) 长命（　　）岁　　(8) 和气（　　）财

答案　Answer

2. 列席　　　lièxí　　　　　　　attend

薄弱　　　bóruò　　　　　　weak

路线　　　lùxiàn　　　　　　line

使命　　　shǐmìng　　　　　mission

前景　　　qiánjǐng　　　　　prospect

人性　　　rénxìng　　　　　nature

指标	zhǐbiāo	target
集体	jítǐ	together
攻关	gōngguān	overcome the difficulties
老百姓	lǎobǎixìng	common people
占有	zhànyǒu	possession ability
导向	dǎoxiàng	to guide
厨房	chúfáng	kitchen
构思	gòusī	conceive
魅力	mèiLì	charm

3.（1）布朗。　（2）开发五款新产品。　（3）厨房小家电。

（4）质量和安生性都不是很好，档次也不高。

（5）构思艺术化、人性化、科学化的产品。

4.（1）D　（2）C　（3）C

5.（1）A　（2）D　（3）B

6. AJ　BL　CH　DN　EM　FK　GI

7.（1）如　（2）欢　（3）前　（4）而　（5）业　（6）动　（7）百

（8）生

第十二课　生产管理
Dìshí'èrKè Shēngchǎn Guǎn lǐ
Lesson Twelve Production Management

课文名称 Lesson Name	生产管理 Shēngchǎn guǎnlǐ Production management
简单描述 Brief Introduction	开展5S生产管理。 kāi zhǎn 5s shēngchǎn guǎnlǐ。 To carry out five S production management
学习目标 Study Objective	如何开展车间的生产管理。 Rúhé kāizhǎn chējiān·de shēngchǎn guǎnlǐ。 To learn how to carry out production management in the workshops.

学习时间 Learning Time	55 分钟 55 fēn zhōng 55 mins
在线课程网址 Online Course	www.publicchinese.com

课文　Text

彼特：我们要加强生产管理，加强管理才能提高效益。

Bǐtè: Wǒ·men yào jiāqiáng shēngchǎn guǎnlǐ, jiāqiáng guǎnlǐ cái néng tígāo xiàoyì.

Peter: We should intensify production management to increase our benefits.

詹妮：我们美国的管理模式，有科学的组织和严格的生产程序，例如车间管理吧，需要多少工位，完成一道工序需要多少时间，都是经过精确计算和严格工序设计确定的。

Zhānní: Wǒ·men Měiguó·de guǎnlǐ móshì, yǒu kēxué·de zǔzhī hé yángé ·de shēngchǎn chéngxù, lìrú chējiān guǎnlǐ ·ba, xūyào duōshao gōngwèi, wánchéng yídào gōngxù xūyào duōshao shíjiān, dōu shì jīngguò jīngquè jìsuàn hé yángé gōngxù shèjì quèdìng·de.

Jenny: Strick procedures are set in the American management model. the number of staffs and working duration for the workshop management are determined by precise calculation and careful consideration.

刘华：詹妮小姐，这是在中国，应该要有中国式的管理，你们美国的工人都是拧在机器中的螺丝钉。

Liú Huá: Zhānní xiǎojiě, zhèshì zài Zhōngguó, yīnggāi yào yǒu Zhōngguóshì·de guǎnlǐ, nǐ·men Měiguó·de gōngrén dōu shì nǐng zài jīqì zhong·de luósīdīng.

Liu Hua: Ms. Jenny, as we are in China, Chinese management models is more suitable for us. All American workers are like screws in the machines.

彼特：这话不完全对，现在的企业都十分重视人的因素，我认为我们现在应该在各车间开展5S生产管理。

Bǐtè: Zhè huà bù wánquán duì, xiànzài·de qǐyè dōu shífēn zhòngshì rén·de yīnsù, wǒ rènwéi wǒ·men xiànzài yīnggāi zài gè chējiān kāi zhǎn 5s shēngchǎn guǎnlǐ。

Peter: You are partly right. Now every company puts more important on talents. I believe we should carry out 5S production management among every workshop.

刘华：据我所知，5S里面的"整理、整顿、清扫、清洁"还好开展，容易操作，可里面的"素养"不知如何开展？

Liú Huá: Jù wǒ suǒ zhī, 5s lǐmian·de "zhěnglǐ、zhěngdùn、qīngsǎo、qīngjié" hái hǎo kāizhǎn, róngyì cāozuò, kě lǐmiàn·de "sùyǎng" bù zhī rúhé kāizhǎn?

Liu Hua: As far as I know, "sort", "stablize", "shine" and "standardise" are easy to carry out, but "sustain" is a difficulty.

彼特：这可是你在认识上的不足呀。

Bǐtè: Zhè kěshì nǐ zài rènshi shang·de bù zú·ya。

Peter: Well, that is your weak point.

刘华：为什么？

Liú Huá: Wèi shén·me?

Liu Hua: Why?

彼特：你把"5S"中的每个S都割裂开来了，它们之间是紧密联系在一起的，不是孤立的个体。

Bǐtè: Nǐ bǎ "5s" zhōng·de měi ge s dōu gēliè kāilái·le, tā·mén zhījiān shì jǐnmì liánxì zài yìqǐ de, búshì gūlì de gètǐ。

Peter: The five elements in the 5S are closely related with each other and should be treated as anintegrated part. However, you split them independently.

刘华：员工的素养必须在整理、整顿、清扫、清洁的生产实践中逐步提高。

Liú Huá: Yuángōng·de sùyǎng bìxū zài zhěnglǐ、zhěngdùn、qīngsǎo、qīngjié·de shēngchǎn shíjiàn zhōng zhúbù tígāo。

Liu Hua: The qualities of staffs should be gradually improving while taking 5s management.

彼特：对，工人的素养不是说教育出来的，而是在具体的工作实践中慢慢形成的。

Bǐtè: Duì, gōngrén·de sùyǎng búshì shuō jiàoyù chūlái·de, ér shì zài jùtǐ·de gōngzuò shíjiàn zhong màn·man xíngchéng·de.

Peter: That's right, the quality of staffs may not be education, but may be improved by working.

詹妮：下个月，我们首先在各生产车间开展5S管理，各车间负责人要多动脑子，多想办法，把本车间的生产管理水平提高。

Zhānní: Xià ge yuè, wǒ men shǒuxiān zài gè shēngchǎn chējiān kāizhǎn 5s guǎnlǐ, gè chējiān fùzérén yào duō dòng nǎo·zi, duō xiǎng bànfǎ, bǎ běn chējiān·de shēngchǎn guǎnlǐ shuǐpíng tígāo.

Jenny: Next month, we will first carry out 5S management in each productive workshop. Every manager should keep thinking on how to improve managemeit.

彼特：这样吧，各车间先拿出个计划草案出来，下周一由生产部统一交到我的办公室。

Bǐtè: Zhèyang·ba, gè chējiān xiān ná chū ge jìhuà cǎo'àn chū lai, xià zhōu yī yóu shēngchǎn bù tǒngyī jiāo dào wǒ·de bàngōngshì.

Peter: Ok, erery manger propose a draft plan and hand it to me next Monday by production depantment.

练习 Exercises

1. 听力

Listening

彼特：我们要加强生产管理，加强管理才能提高效益。

詹妮：我们美国的管理模式，有科学的组织和严格的生产程序，例如车间管理吧，需要多少工位，完成一道工序需要多少时间，都是经过精确计算和严格工序设计确定的。

刘华：詹妮小姐，这是在中国，应该要有中国式的管理，你们美国的工人都是拧在机器中的螺丝钉。

彼特：这话不完全对，现在的企业都十分重视人的因素，我认为我们现在应该在各车间开展5S生产管理。

2. 字词训练

Words and expressions

开展	kāizhǎn	to sort out
模式	móshì	modular
严格	yángé	to strengthen
工序	gōngxù	to carry out
拧	nǐng	strict
机器	jīqì	gradually
螺丝钉	luósīdīng	screw
因素	yīnsù	factor
整理	zhěnglǐ	procedure
整顿	zhěngdùn	to sweep
清扫	qīngsǎo	screw
逐步	zhúbù	machine

3. 回答问题（根据课文内容回答下列问题）

Questions（answer the following questions according to the text）

（1）我国的管理模式有什么特点？

（2）5S生产管理的内容是什么？

（3）怎样才能提高效益？

（4）怎么样才能提高素养？

4. 选择正确的词语

Choose the right one

（1）（　　　）

    A. 官理　　　　B. 校益　　　　C. 程绪　　　　D. 计算

（2）（　　　）

    A. 整顿　　　　B. 割离　　　　C. 隔裂　　　　D. 整盹

(3) (　　)

       A. 管理水坪　　　B. 计画草案　　　C. 素养　　　　D. 逐布

5. 连词成句

   Reorder the words to make a correct sentence

   (1) 5S生产管理　应该在　开展　我认为　各车间　我们现在

   (2) 素养　整理、整顿、清扫、清洁的　逐步员　工的　提高
      生产实践中　必须

   (3) 科学的　管理模式　生产程序　我们美国的　有　和　严格的
      组织

6. (1) 选择没有语病的一句

   Choose the right one

      A. 虽然你很聪明，那么也不能不学习。

      B. 如果你没有犯错，但是也不用担心。

      C. 既然你不舒服，今天你就不用上班去了。

      D. 假如辛勤耕耘，所以你能成功。

   (2) 选择没有语病的一句

      A. 到了十分一望无垠的蒙古大草原，我们很激动。

      B. 盛开的喇叭花散发着令人基本愉快的芬芳。

      C. 这个巨大的工程到年底就能基本完全完成了。

      D. 整个天空染满均匀的蓝色，天上只有一片彩云。

7. 选择一个词语造句

   Choose one phrase to make a sentence

   (1) 开展　模式　严格

   (2) 轻柔　节奏　芬芳

   (3) 一望无垠　无边无际　鲜明

答案　Answer

2.
开展	kāizhǎn	to carry out
模式	móshì	modular
严格	yángé	strict
工序	gōngxù	procedure
拧	nǐng	screw
机器	jīqì	machine
螺丝钉	luósīdīng	screw
因素	yīnsù	factor
整理	zhěnglǐ	to strengthen
整顿	zhěngdùn	to sort out
清扫	qīngsǎo	to sweep
逐步	zhúbù	gradually

3.（1）有科学的组织和严格的生产程序。
（2）整理、整顿、清扫、清洁、素养。
（3）加强生产管理。
（4）必须在整理、整顿、清扫、清洁的生产实践中逐步提高。

4.（1）D　（2）A　（3）C

5.（1）我认为我们现在应该在各车间开展5S生产管理。
（2）员工的素养必须在整理、整顿、清扫、清洁的生产实践中逐步提高。
（3）我们美国的管理模式有科学的组织和严格的生产程序。

6.（1）C　（2）D

7.（1）我们班开展学习竞赛，同学们的成绩都取得了很大的进步。
（2）小溪里的水轻柔地流着。
（3）在那无边无际的田野上，小朋友们尽情地玩耍着。

第十三课 质量管理
DìshíSānKè Zhìliàng Guǎnlǐ
Lesson Thirteen Quality Control

课文名称 Lesson Name	质量管理 zhìliàng guǎnlǐ Quality Control
简单描述 Brief Introduction	与新员工讨论质量管理事宜。 yǔ xīn yuángōng tǎolùn zhìliàng guǎnlǐshìyí。 To discuss the quality control with the new employess.
学习目标 Study Objective	了解合资企业的质量管理。 Liǎojiě hézī qǐyè·de zhìliàng guǎnlǐ。 To learn how the joint venture company makes the quality contol.
学习时间 Learning Time	60 分钟 60 fēnzhōng

	60 mins
在线课程网址 Online Course	www.publicchinese.com

课文　Text

布朗：上一周我们在信息部接受了信息知识的培训，今天讨论质量管理问题，不知大家有没有兴趣？

Bùlǎng: Shàng yì zhōu wǒ·men zài xìnxībù jiēshòu·le xìnxī zhīshi·de péixùn, jīntiān tǎolùn zhìliàng guǎnlǐ wèntí, bù zhī dàjiā yǒu méi yǒu xìngqù?

Brown: Last week, we were trained on information. Today, we are going to discuss the issue of quality control. Are you interested in it?

众人：有。

Zhòngrén: Yǒu.

All the employees: Yes.

布朗：质量是效益，质量是企业的生命，我们办企业的时刻不能忘记质量的管理。

Bùlǎng: Zhìliàng shì xiào yì, zhìliàng shì qǐyè·de shēngmìng, wǒ·men bàn qǐyè·de shíkè bù néng wàngjì zhìliàng·de guǎnlǐ.

Brown: Quality is our life. Therefore, we should keep reminding on how to improve quality constantly.

王华英：我们对质量的重要性在认识上肯定还有不小的差距。

Wáng Huáyīng: Wǒ·men duì zhìliàng·de zhòngyàoxìng zài rènshi shang kěndìng hái yǒu bù xiǎo·de chājù.

Wang Huaying: The understanding of how the quality control is importance are not self-sufficient.

张元：是的，我们对产品质量的严格管理也存在认识上的不足。

Zhāng Yuán: Shì·de, wǒ·men duì chǎnpǐn zhìliàng·de yángé guǎnlǐ yě cúnzài rènshí shang·de bù zú.

Zhang Yuan: Yes, the understandings of the strict quality management are not self-sufficient too.

布朗：所以呀，我们要对你们加强这方面的培训。

Bùlǎng: Suǒyǐ·ya, wǒ·men yào duì nǐ·men jiāqiáng zhè fāngmiàn·de péixùn。

Brown: So that is why you have to get training.

吴伟：不同的企业有不同的企业文化，但就提高产品质量这点上，所有优秀的企业都会有相同的认识，追求产品的优良品质。

Wú Wěi: Bù tóng·de qǐyè yǒu bù tóng·de qǐyè wénhuà, dàn jiù tígāo chǎnpǐn zhìliàng zhè diǎn shang, suǒyǒu yōuxiù·de qǐyè dōu huì yǒu xiāngtóng·de rènshi, zhuīqiú chǎnpǐn·de yōuliáng pǐnzhì。

Wu Wei: Different companies will have different corporate culture. But there is certainly common view of trying to keep product quality best.

布朗：提高产品质量的核心是提高人的素质，所以我们首先在你们这些大活人上下功夫，你们每个人都要有很强的质量意识。

Bùlǎng: Tígāo chǎnpǐn zhìliàng·de héxīn shì tígāo rén·de sùzhì, suǒyǐ wǒ·men shǒuxiān zài nǐ·men zhè xiē dà huó rén shang xià gōngfu, nǐ·men měi gè rén dōu yào yǒu hěn qiáng·de zhìliàng yìshí。

Brown: The core of quality improvement is to improve employees' quality. Therefor we train you to have stronger awareness of quality.

吴伟：我这要给大家出个思考题目——怎样在低成本条件下提高质量？

Wú Wěi: Wǒ zhè yào gěi dàjiā chū ge sīkǎo tímù ——zěn yàng zài dī chéngběn tiáojiàn xià tígāo zhìliàng?

Wu Wei: I would like to ask you a question, that is, how to improve quality on the condition of low cost?

布朗：这个题目出得好，我们当前的任务就是如何在较底的生产成本下提高我们的产品质量。

Bùlǎng: Zhè ge tímù chū dé hǎo, wǒ·men dāngqián·de rènwu jiùshì rúhé zài jiào dī·de shēngchǎn chéngběn xià tígāo wǒ·men·de chǎnpǐn zhìliàng。

Brown: It's a very good question. The present task is to how to improve our products' quality on the basis of low producing cost.

王华英：我看答案只有一个字。

Wáng Huáyīng: Wǒ kàn dá'àn zhǐyǒu yí ge zì。

Wang Huaying: I think the answer is one word.

吴伟：一个字，你说说看。

Wú Wěi: Yí ge zì ,nǐ shuō shuo kàn。

Wu Wei: Which word?

王华英："人"字。

Wáng Huáyīng ："rén"zì。

Wang Huaying: People.

布朗：说说理由。

Bùlǎng：Shuō shuo lǐyóu。

Brown: Tell us why.

王华英：企业管理的核心应该始终是对人的管理，我们要在规定的条件下提高质量，只有提高人的素养，从而降低人的管理成本和生产成本，就能想办法在低成本的条件下提高产品的质量。

Wáng Huáyīng: Qǐyè guǎnlǐ·de héxīn yīnggāi shǐzhōng shì duì rén·de guǎnlǐ,wǒ·men yào zài guīdìng·de tiáojiàn xià tígāo zhìliàng,zhǐ yǒu tígāo rén ·de sùyǎng,cóng'ér jiàngdī rén·de guǎnlǐ chéngběn hé shēngchǎn chéngběn,jiù néng xiǎng bànfǎ zài dī chéngběn·de tiáojiàn xià tígāo chǎnpǐn·de zhìliàng。

Wang Huaying: The core of company management is in human management. What we can do is to improve the quality of staffs to improve the product qnality with our increasing.

布朗：很有逻辑呀，看来你不需要再培训了。

Bùlǎng：Hěn yǒu luóji·ya, kan lái nǐ bù xūyào zài péixùn·le。

Brown: Sound logical. It seems that you don't need to be trained any more.

王华英：您开玩笑了，我同样需要培训。

Wáng Huáyīng：Nín kāi wánxiào·le, wǒ tóngyàng xūyào péixùn。

Wang Huaying: You are joking, training is very necessary.

吴伟：好的，我提议王小姐给我们也培训一课，怎样？

Wú Wěi: Hǎo de,wǒ tíyì wáng xiǎojiě gēn wǒ·men yě péixùn yí

kè, zěnyàng?

Wu Wei: OK, How about inviting Ms. Wang to give us a lesson?

众人：赞同。

zhòng rén：Zàn tóng。

All the employees: No problem.

练习　Exercises

1. 听力

Listening

布　　朗：上一周我们在信息部接受了信息知识的培训,今天讨论质量
管理问题，不知大家有没有兴趣?

众　人：有。

布　　朗：质量是效益，质量是企业的生命，我们办企业的时候不能
忘记质量的管理。

王华英：我们对质量的重要性在认识上肯定还有不小的差距。

张　元：是的，我们对产品质量的严格管理也存在认识上的不足。

布　　朗：所以呀，我们要对你们加强这方面的培训。

吴　伟：不同的企业有不同的企业文化，但就提高产品质量这点上，
所有优秀的企业都会有相同的认识，追求产品的优良品质。

布　　朗：提高产品质量的核心是提高人的素质,所以我们首先要在你
们这些大活人上下功夫,你们每个人都要有很强的质量意识。

2. 字词训练

Words and expressions

效益	xiàoyì	exertion
生命	shēngmìng	logic
差距	chājù	excuse
加强	jiāqiáng	enhance
优良	yōuliáng	no problem
核心	héxīn	excellent
素质	sùzhì	quality
功夫	gōngfu	personal qulity

理由	lǐyóu	distance
素养	sùyǎng	core
逻辑	luójí	benefit
赞同	zàntóng	life

3. 回答问题（根据课文内容回答下列问题）

Questions（answer the following questions according to the text）

（1）提高产品质量的核心是什么？

（2）怎样在低成本条件下提高质量？

（3）该公司在产品质量上存在什么问题？

（4）本文的主题是什么？

4. 选择正确的词语填空

Choose the words with the same meaning as the word in blank

（1）所有（优秀）的企业都会有相同的认识。

    A. 优良   B. 清秀   C. 优质   D. 出色

（2）我们办企业的（时刻）不能忘记质量的管理。

    A. 片刻   B. 长久   C. 久远   D. 长远

（3）我们对产品质量的（严格）管理也存在认识上的不足。

    A. 严肃   B. 严谨   C. 严密   D. 有效

5. 连词成句

Reorder the words to make a correct sentence

（1）办企业的 质量的 时刻 忘记 不能 我们 管理

（2）认识上的 我们 严格 产品质量的 对 也存在 不足管理

（3）管理 始终是 人的 企业管理的 对 核心 应该

6. 词语搭配

Matching Exercise

A. 凉风	G. 琳琅满目
B. 交通	H. 美满
C. 商品	I. 发达
D. 婚姻	J. 愉快
E. 生活	K. 健康
F. 身体	L. 习习

7. 联句成段

Reorder the sentence to make a correct paragraph

(1) ①突然间

②直落到狗的鼻尖前

③我的狗慢慢地朝它靠近

④从附近的一棵树上冲下来一只黑胸脯的老麻雀

A. ③①④②   B. ③①②④   C. ③②④①   D. ③②①④

(1) ①正在偷看着夜神给她挂上的珍珠

②夜合花开启了她那闭着的花瓣

③在漂亮的花冠上摇曳

④露出一脸盈盈的笑意

A. ②①④③   B. ②①③④   C. ②④①③   D. ②④③①

答案 Answer

2. 效益   xiàoyì   benefit

生命   shēngmìng   life

差距   chājù   distance

加强   jiāqiáng   enhance

优良   yōuliáng   excellent

核心   héxīn   core

素质   sùzhì   quality

功夫   gōngfu   exertion

理由   lǐyóu   excuse

素养　sùyǎng　　personal qulity
逻辑　luóji　　logic
赞同　zàntóng　　no problem

3.（1）提高人的素质。

（2）提高人的素养，从而降低人的管理成本和生产成本，就能想办法在低成本的条件下提高产品的质量。

（3）对质量的重要性在认识上有不小的差距，对产品质量的严格管理也存在认识上的不足。

（4）与新员工讨论质量管理事宜。

4.（1）D　（2）A　（3）D

5.（1）我们办企业的时候不能忘记质量的管理。

（2）我们对产品质量的严格管理也存在认识上的不足。

（3）企业管理的核心应该始终是对人的管理。

6. AL　BI　CG　DH　EJ　FK

7.（1）A　（2）C

第十四课　成本与利润

DìshíSìKè Chéngběn Yǔ lìrùn

Lesson Fourteen Cost and Profit

课文名称 Lesson Name	成本与利润 Chéngběn yǔ lìrùn Costs and profits
简单描述 Brief Introduction	吴伟和职员讨论成本与利润问题。 Wú Wěi hé zhíyuán tǎolùn chéngběn yǔ lìrùn wèntí. Wu Wei discusses costs and profits with his employees.
学习目标 Study Objective	了解成本与利润的关系。 Liǎojiě chéngběn yǔ lìrùn·de guānxì To learn about the relationship between costs and profits

学习时间 Learning Time	60 分钟 60 fēnzhōng 60 mins
在线课程网址 Online Course	www.publicchinese.com

课文　Text

彼特：刘小姐，你越来越漂亮了。

Bǐtè: Liú xiǎojiě,nǐ yuè lái yuè piàoliang·le。

Peter: Ms. Liu, you become more beautiful.

刘小姐：谢谢！

liú xiǎojiě: Xiè·xie!

Ms. Liu: Thanks!

吴伟：你们今天怎样这么客气？

Wú Wěi: Nǐ·men jīntiān zěnyàng zhè·me kèqi?

Wu Wei: Why are you so unobtrusire today?

彼特：哪里？刘小姐今天打扮得特别漂亮，您没发现？

Bǐtè: Nǎli? Liú xiǎojiě jīn tiān dǎbàn de tèbié piàoliang,nín méi fā xiàn?

Peter: Well, don't you notice that Ms Liu is especially beautiful today?

吴伟：我怎么没发现呢！

Wú Wěi: Wǒ zěn·me méi fāxiàn·ne!

Wu Wei: Oh, really?

刘丽：你们两个别开我的玩笑了。

Liú Lì: Nǐmen liǎngge bié kāi wǒ·de wánxiào·le。

Liu Li: Don't make fun of me.

彼特：不是开玩笑，我真的越来越觉得刘小姐漂亮了。

Bǐtè：Búshì kāi wánxiào,wǒ zhēn·de yuè lái yuè jué de Liú xiǎojiě piàoliang。

Peter: I am serious. I think you are becoming more and more beautiful.

詹妮：是情人眼里出西施吧。

Zhānnī：Shì qíngrén yǎnlǐ chū xīshī·ba.

Jenny: Beauty is in the beholder's eyes.

王华英：詹妮，你就别嫉妒吧。

Wáng Huáyīng：Zhānnī,nǐ jiù bié jídù·ba。

Wang Huaying: Jenny, don't be jealous!

布朗：好了，今天请大家讨论一些问题，我们的合资企业就要投产了，第一年我们要实现一定的利润目标。

Bùlǎng：Hǎo·le,jīntiān qǐng dàjiā tǎolùn yì xiē wèntí,wǒ·men·de héziqǐyè jiù yào tóuchǎn·le,dì yī nián wǒ·men yào shíxiàn yídìng·de lìrùn mùbiāo。

Brown: Ok, today, we are here to discuss some issues. You know our company will launch production soon. We have to reach profit target for the first year.

吴伟：前期的投产，我们的成本会比较高，为了实现利润，我们应该要保证一定的销售量。

Wú Wěi：Qiánqī·de tóuchǎn,wǒ·men·de chéngběn huì bǐjiào gāo, wèile shíxiàn lìrùn,wǒ·men yīnggāi yào bǎozhèng yídìng·de xiāoshòu liàng。

Wu Wei: During the early stage of production, our cost will be a little higher, in order to achieve our profit target, we should guarantee certain volume of sales.

彼特：利润是同成本、销售量有关的，我们在控制成本的同时，最为主要的就是如何扩大我们的销量。

Bǐtè：Lìrùn shì tóng chéngběn、xiāoshòuliàng yǒu guān·de, wǒ·men zài kòngzhì chéngběn·de tóngshí,zuì wéi zhǔyào·de jiù shì rúhé kuòdà wǒ·men·de xiāoliàng。

Peter: Yes, profit comes closely with cost and the volume of sales. While we try to control the cost, we should expand our sales.

布朗：这方面大家有什么好的办法，拿出来议一议。

Bùlǎng：Zhè fāngmiàn dàjiā yǒu shén·me hǎo·de bànfǎ,ná chūlai yì yi yì。

Brown: Do you have any good ideas about it? Let's talk atant it!

吴伟：大家集思广益，必有好的思路。

Wú Wěi：Dàjiā jísīguǎngyì, bì yǒu hǎo·de sīlù。

Wu Wei: Evenybody benefits by mutual discussion.

王华英：我想不能仅仅从成本和销售量上做文章。政府的政策和宏观调控，对市场也有很大的影响力。

Wáng Huáyīng：Wǒ xiǎng bù néng jǐnjǐn cóng chéngběn hé xiāo shòuliàng shang zuò wénzhāng。zhèngfǔ ·de zhèngcè hé hóng-guāntiáokòng, duì shìchǎng yě yǒu hěn dà·de yǐngxiǎnglì。

Wang Huaying: I think not only we talk about costs and the volumes of sales, but also we should consider the great infwence of government's policy and macro–adjustment.

吴伟：对，这个影响我们要有充分的思想准备，国家调整减免税政策和外汇汇率，都会直接影响销售量和利润的。

Wú Wěi：Duì, zhè ge yǐngxiǎng wǒ ·men yào yǒu chōngfèn ·de sī xiǎng zhǔnbèi, guójiā tiáozhěng jiǎnmiǎnshuì zhèngcè hé wàihuìhuìlù, dōu huì zhí jiē yǐngxiǎng xiāoshòuliàng hé lìrùn ·de。

Wu Wei: That's true. We have to prepare for it. the tax-free policy adjusted by government and exchange rate will have direct influence on the profit and volume of sales.

刘丽：市场需求弹性也直接影响到价格和销售量。

Liú Lì：Shìchǎng xūqiú tànxìng yě zhíjiē yǐngxiǎng dào jiàgé hé xiāoshòuliàng。

Liu Li: Market flexibility will be critical impact on the price and rolumes of sales.

布朗：在经营过程中还会有很多可变因素，我们一时还难以预料，所以我提醒大家要有超前意识和预见能力。

Bùlǎng：Zài jīngyíng guòchéng zhōng hái huì yǒu hěn duō kěbiàn yīnsù, wǒ·men yì shí hái nán yǐ yù liào, suǒyǐ wǒ tíxǐng dàjiā yào yǒu chāoqián yìshí hé yùjiàn nénglì。

Brown: During the operation some uncertainities are have to be predicted lots of anexpected variable will pop up, plense try your best to work consciously.

吴伟：我们还必须采取相应的措施，例如减少固定成本，调整生产品种结构。

Wú Wěi：Wǒ·men hái bìxū cǎiqǔ xiāngyìng·de cuòshī, lìrú jiǎnshǎo gùdìng chéngběn, tiáozhěng shēngchǎn pǐnzhǒng jiégòu。

Wu Wei: We must take measures to reduce the fixed cost and update product structure.

布朗：王小姐，根据我们的讨论，你先写一个实现利润目标的计划吧。

Bùlǎng：Wáng xiǎojiě, gēnjù wǒ·men·de tǎolùn, nǐ xiān xiě yí ge shíxiàn lìrùn mùbiāo·de jìhuà·ba。

Brown: Ms. Wang, would you please write a plan for profit target achievement according to our discussion?

王华英：好的。

Wáng Huáyīng：Hǎo·de。

Wang Huaying: OK.

练习 Exercises

1. 听力

Listening

彼特：刘小姐，你越来越漂亮了。

刘丽：谢谢！

吴伟：你们今天怎样这么客气？

彼特：哪里？刘小姐今天打扮得特别漂亮，您没发现？

吴伟：我怎么没发现呢！

刘丽：你们两个别开我的玩笑了。

彼特：不是开玩笑，我真的越来越觉得刘小姐漂亮了。

詹妮：是情人眼里出西施吧。

王华英：詹妮，你就别嫉妒吧。

2. 字词训练

Words and expressions

情人	qíngrén	find a way out if we draw on collective wisdom and absorb all useful ideas
西施	xīshī	macro
嫉妒	jìdù	management and control
投产	tóuchǎn	exchange rate
集思广益	jísīguǎngyì	lover
政府	zhèngfǔ	government
政策	zhèngcè	foreign exchange
宏观	hóngguān	beauty of ancient China
调控	tiáokòng	policy
调整	tiáozhěng	adjust
外汇	wàihuì	jealous
汇率	huìlǜ	to go into production

3. 回答问题（根据课文内容回答下列问题）

Questions（answer the following questions according to the text）

(1) 影响销售量因素有什么？

(2) 为了应对难以预料的可变因素管理者应该如何做？

(3) "情人眼里出西施"是什么意思？

4. 选择正确的词语

Choose the correct phrase

(1) (　　)

  A. 飘亮   B. 飘荡   C. 瓢窃   D. 漂渺

(2) (　　)

  A. 利闰   B. 销售   C. 错施   D. 集思广意

(3) (　　)

  A. 直接   B. 直接了当   C. 支节   D. 脂节

5. 选择正确的拼音

Choose the right Pinyin

(1) 提醒 (　　)

       A. tí xǐng   B. tí xǐng   C. tì xǐng   D. tì xǐng

（2）措施（　　）

       A. cuò shī   B. cuo shī   C. cuò sī   D. cuò shí

（3）因素（　　）

       A. yīn sù   B. yìn sù   C. yīn sū   D. yǐn sǔ

6. 选择与画线词语意思相同的词语

   Choose the phrase with the same meaning

（1）又敬重又害怕（　　）

       A. 敬慕   B. 敬佩   C. 敬畏   D. 敬重

（2）得到挽救 （　　）

       A. 获取   B. 获救   C. 获准   D. 获知

（3）策略上有错误（　　）

       A. 失常   B. 失措   C. 失败   D. 失策

7. 在下面每个句子后面都有一个指定词语，句中A、B、C、D是供选择的四个不同位置，请判断这一词语放在句子中哪个位置恰当。

   Choose the right place where the words should put it in

（1）爸爸说弟弟A去B游泳池C练习游泳D，在床上是学不会的。（应该）

（2）我进语言学院半年多，刚A会B说C汉语D 。（一点儿）

（3）等我赶到宾馆，他A已经B离开C那里D了。（四十多分钟）

（4）一年没见，A你个子长高了，B身体长壮了，C性格也好像D更开朗了。（并且）

答案　Answer

2. 情人	qíngrén	lover
西施	xīshī	beauty of ancient China
嫉妒	jìdù	jealous
投产	tóuchǎn	to go into production
集思广益	jísīguǎngyì	find a way out if we draw on collective wisdom and absorb all useful ideas
政府	zhèngfǔ	government

政策	zhèngcè	policy
宏观	hóngguān	macro
调控	tiáokòng	management and control
调整	tiáozhěng	adjust
外汇	wàihuì	foreign exchange
汇率	huìlǜ	exchange rate

3. (1) 政府的政策和宏观调控弹性市场需求。

(2) 要有超前意识和预见能力，必须采取相应的措施，例如减少固定成本，调整生产品种结构。

(3) 在喜欢自己的人眼里自己是很漂亮的。

4. (1) B   (2) B   (3) A

5. (1) B   (2) A   (3) A

6. (1) C   (2) B   (3) D

7. (1) A   (2) C   (3) D   (4) C

第十五课　产品与价格
Dìshíwǔkè Chǎnpǐn yǔ Jiàgé
Lesson Fifteen Product and Price

课文名称 Lesson Name	产品与价格 chǎnpǐn yǔ jiàgé Product and price
简单描述 Brief Introduction	吴伟等做小家电的市场和价格调查 Wú Wěi děng zuò xiǎojiādiàn·de shìchǎng·hé jiàgé diàochá。 Wu Wei surveys on the price and market for small electric appliances.
学习目标 Study Objective	如何进行市场与价格的实践调查。 Rúhé jìnxíng shìchǎng yǔ jiàgé·de shíjiàndiàochá。 To learn about Chinese investment inviting meeting.

学习时间 Learning Time	60 分钟 60 fēn zhōng 60 mins
在线课程网址 Online Course	www.publicchinese.com

课文　Text

吴伟：我们的产品就要投放市场了，我们一起去了解一下市场行情吧。

Wú Wěi：Wǒ·men·de chǎnpǐn jiù yào tóufàng shìchǎng·le, wǒ·men yì qǐ qù liǎojiě yíxià shìchǎng hángqíng·ba。

Wu Wei: Our products are going to be launched. Let's have a market survey.

刘丽：吴总，我们去什么地方调查？

Liú Lì：Wú zǒng, wǒ·men qù shén·me dìfang diàochá?

Liu Li: Mr. Wu, where are we going to?

吴伟：电器超市门口怎样？

Wú Wěi：Diànqì chāoshì ménkǒu zěnyàng?

Wu Wei: How about the Appliance Supermarket?

刘丽：好主意！

Liú Lì：hǎo zhú yì!

Liu Li: That's a good idea!

王玉：先生，您好！请问您打算添置小家电吗？

Wáng Yù：XiānSheng, nín hǎo! Qǐng wèn nín dǎsuan tiānzhì xiǎo jiādiàn·ma?

Wang Yu: Good morning! Do you want to buy some small electric appliance?

先生：想买把电热水壶，不知哪个品牌较好？

Xiān Sheng：Xiǎng mǎi bǎ diàn rèshuǐ hú, bùzhī nǎ ge pǐnpáijiào hǎo?

Customer: Yes, I want to buy an electrical thermos, but I don't know which brand is better.

王玉：您想买什么档次的？

Wáng Yù: Nínxiǎng mǎi shén·me dàngcì·de?

Wang Yu: How much is the high or middle-grade products?

先生：中高档的吧。

Xiān Sheng: Zhōng gāo dàng de·ba?

Customer: High and middle-grade.

王玉：您觉得什么样的价位是中高档的?

Wáng Yù: Nín jué·de shén·me yàng·de jiàwèi shì zhōng gāo dàng·de?

Wang Yu: How much is the goods do you think can be grouped into high and middle-grade?

先生：100元左右吧。

Xiān Sheng: Yì bǎi yuán zuǒyòu·ba.

Customer: Around 100.

刘丽：太太，您好，请问你这把电热水壶多少钱?

Liú Lì: Tàitai, nínhǎo, qǐng wèn ní zhè bǎ diàn rè shu ǐhú duōshao qián?

Liu Li: Good morning, Madam. Do you mind if I ask how much is your electric thermos?

太太：108元。

Tàitai: Yì bǎi líng bā yuán。

Madam: 108 Yuan.

刘丽：为什么选择这种样式?

Liú Lì: Wèi shénme xuǎnzé zhèzhǒng yàngshì?

Liu Li: May I ask why do you choose this type?

太太：设计新颖好看，觉得高档次。

Tàitai: Shèjì xīnyǐng hǎo kàn, jué·de gāo dàng cì。

Madam: Well, the design is novel, and it's high grade.

刘丽：您觉得这价格贵吗?

Liú Lì: Nín jué dé zhè jiàgé guì·ma?

Liu Li: Don't you think it's expensive?

太太：还能够接受，但觉得价格稍微贵了点。

Tàitai: Hái nénggòu jiēshòu, dànjuéde jiàgé shāo wéiguì lediǎn。

Madam: Well, it's acceptable, but's a bit expensive.

吴伟：看来我们所走的中高档路线是行得通的。

Wú Wěi: Kànlai wǒ·men suǒ zǒu·de zhōng gāo dàng lùxiàn shì xíng de tōng·de。

Wu Wei: It seems that our market position is correct.

刘丽：我们的价格应该放低一点，在100元以下容易打开市场。

Liú Lì: Wǒ·men·de jiàgé yīnggāi fàng dī yì diǎn, zài yì bǎi yuán yǐ xià róngyì dǎkāi shìchǎng。

Liu Li: If we lower our price to 100 yuan or less it will be much easier to attract the market.

吴伟：我们所定位的中高档产品，价位应该在88元左右。

Wú Wěi: Wǒ·men suǒ dìngwèi·de zhōng gāo dàng chǎnpǐn, jiàwèi yīnggāi zài bā shí bā yuán zuǒyòu。

Wu Wei: The pricte of our high or middle –grade products is around 88 yuan.

刘丽：吴总英明。

Liú Lì: Wú zǒng yīngmíng。

Liu Li: Mr. Wu, you are so brilliant!

吴伟：你别吹捧了，我们应该遵循市场规律，能让中国老百姓买得到物超所值的好产品。

Wú Wěi: Ní bié chuīpěng·le, wǒ·men yīnggāi zūnxún shìchǎng guīlù, néng ràng Zhōngguó lǎobǎixìng mǎi de dào wùchāosuǒzhí·de hǎo chǎnpǐn。

Wu Wei: Don't bluff, we should follow the rule of the market, the products must be in excellent quality and more worth than actual prices.

练习　Exercises

1. 听力

Listening

吴伟：我们的产品就要投放市场了，我们一起去了解一下市场行情吧。

刘丽：吴总，我们去什么地方调查？

吴伟：电器超市门口怎样？

刘丽：吴总英明。

王玉：先生，您好！请问您打算添置小家电吗？

先生：想买把电热水壶，不知哪个品牌较好？

王玉：您想买什么档次的？

先生：中高档的吧。

王玉：您觉得什么样的价位是中高档的？

先生：100元左右吧。

2. 字词训练

Words and expressions

调查	diàochá	novel
投放	tóufàng	rule
行情	hángqíng	a little bit
超市	chāoshì	launch
英明	yīngmíng	follow
添置	tiānzhì	flatter
新颖	xīnyǐng	brilliant
贵	guì	survey
稍微	shāowēi	supermarket
吹捧	chuīpěng	to buy
遵循	zūnxún	expensive
规律	guīlǜ	market quotation

3. 回答问题（根据课文内容回答下列问题）

Questions（answer the following questions according to the text）

（1）吴伟、刘丽要到什么地方进行市场调查？

（2）从文中顾客认为中高档的电热水壶的价位大体是多少？

（3）108元的电热水壶顾客感觉怎么样？

（4）吴伟认为他们的电热水壶应该定位在多少容易打开市场？

4. 选择所给词语的正确的拼音
   Choose the right Pinyin
   （1）行情（　　）
     A. háng qíng   B. hāng qíng
     C. háng qín   D. hān qíng
   （2）超市（　　）
     A. chāo shì   B. chāo sì
     C. cāo shì   D. cāo sì
   （3）规律（　　）
     A. guī lù   B. guī lǜ
     C. gūi lǜ   D. guī lù

5. 从所给出的词语中选出一个代替括号中的词语同时保持句子的原意
   Choose the words with the same meaning as the words in the bracket
   （1）为什么选择这种（样式）？
     A. 式样   B. 样板   C. 样品   D. 榜样
   （2）还能够接受，但觉得价格（稍微）贵了点。
     A. 太   B. 十分   C. 非常   D. 稍稍
   （3）我们的价格应该放低一点，在100元以下（容易）打开市场
     A. 不太容易   B. 好不容易   C. 很难   D. 不难

6. 用所给出的词语造句
   Use the words below to make a senteme
   （1）不仅……也   （2）假如……就
   （3）虽然……但是   （4）既然……就

7. 在下面每个句子后面都有一个指定词语，句中A、B、C、D是供选
   择的四个不同位置，请判断这一词语放在句子中哪个位置恰当

商务
汉语

Choose the right place whare the words should pat if is.

（1）刘校长去过日本，买了A不少B日本C出版的D书。（关于中国的）

（2）我相信A你B会C那样D做的。（一定）

（3）尽管朱老师工作很忙，可是他每星期都A来辅导B我学习C现代汉语D。（一次）

答案 Answer

2. 调查　diàochá　　　　　survey

　　投放　tóufàng　　　　　launch

　　行情　hángqíng　　　　　market quotation

　　超市　chāoshì　　　　　supermarket

　　英明　yīngmíng　　　　　brilliant

　　添置　tiānzhì　　　　　to buy

　　新颖　xīnyǐng　　　　　novel

　　贵　　guì　　　　　expensive

　　稍微　shāowēi　　　　　a little bit

　　吹捧　chuīpěng　　　　　flatter

　　遵循　zūnxún　　　　　follow

　　规律　guīlǜ　　　　　rule

3.（1）电器超市门口。

　（2）100元左右。

　（3）还能够接受，但觉得价格稍微贵了点。

　（4）价位应该在88元左右。

4.（1）A　（2）A　（3）B

5.（1）A　（2）D　（3）D

6.（1）他不仅会说汉语，也会说英语。

　（2）假如他的父母还活着，他的生活就不会那么惨。

　（3）虽然你没有及时赶到，但是会议顺利召开了。

　（4）你既然走了，就不要再回去了。

7.（1）D　（2）B　（3）B

第十六课　广告策划

Dìshíliùkè Guǎngào Cèhuà

Lesson Sixteen Advertising Planning

课文名称 Lesson Name	广告策划 guǎngào cèhuà Advertising planning
简单描述 Brief Introduction	布朗与专业广告公司洽谈广告策划及合作事宜。 Bùlǎng yǔ zhuānyè guǎnggào gōngsī qiàtán guǎnggào cèhuà jí hézuò shì yí。 Brown discusses the advertisement planning with an advertising company.
学习目标 Study Objective	如何找到合适的广告代理商。 Rúhé zhǎodào héshì·de guanggào dàilǐ shāng。 To learn about chinese investment inviting meeting

商务
汉语

学习时间 Learning Time	60 分钟 60 fēnzhōng 60 mins
在线课程网址 Online Course	www.publicchinese.com

课文 Text

布朗：叶先生，我们想选家合适的专业公司长期代理广告业务，此前谈了几家，都不是特别满意，但愿你们不会让我失望。

Bùlǎng：Yè xiānsheng, Wǒ·men xiǎng xuǎn jiā héshì·de zhuānyè gōngsī chángqī dàilǐ guǎnggào yèwù, cǐqián tán·le jǐ jiā, dōu búshì tèbié mǎnyì, dàn yuàn nǐ·men bú huì ràng wǒ shīwàng。

Brown: Mr. Ye, we are looking for a professional advertising company, We have discussed with several companies, and not very satisfied. I hope you won't disappoint us.

叶维东：我想，不会让您失望的，可能还会让您有更多的惊喜。

Yè Wéidōng：Wǒ xiǎng, bú huì ràng nín shīwàng·de, kěnéng háihuì ràng nín yǒu gèng duō·de jīngxǐ。

Ye Weidong: I think, I will not disappoint you. May be I will surprise you greatly.

布朗：为什么？

Bùlǎng：Wèi shēn·me？

Brown: Why?

叶维东：我们的品牌传播和营销策划能力在业界是享有盛誉的，与多家世界级品牌合作的成果就是明证。

Yè Wéidōng：Wǒmen·de pǐnpái chuánbō hé yíngxiāo cèhuà nénglì zài yèjiè shì xiǎngyǒu shèngyù·de, yǔ duō jiā shìjiè jí pǐnpái hézuò·de chéngguǒ jiù shì míngzhèng。

Ye Weidong: We are evorld-famons company in brand and marketing promotion, several wonld-famons brands are our successful stories.

111

布朗：你们有这方面的书面材料吗？

Bùlǎng：nǐ·men yǒu zhè fāngmiàn·de shūmiàn cáiliào·ma?

Brown: Any documents to show that?

赵梅：有，这份材料请您过目。

Zhào Méi：Yǒu, zhè fèn cáiliào qǐng nín guòmù。

Zhao Mei: Yes, we have, you can have a look at this material.

布朗：这上面都是成功的案例吗？

Bùlǎng：Zhè shàngmian dōu shì chénggōng·de ànlì·ma?

Brown: Are these all successful cases?

赵梅：是的，这只是与您公司类似的部分案例。

Zhào Méi：Shì·de, zhè zhǐshì yǔ nín gōngsī lèisì·de bùfen ànlì。

Zhao Mei: Yes, these are the part of the cases that are similar to your case.

布朗：好吧，先请彼特先生说说我们的想法。

Bùlǎng：Hǎo·ba, xiān qǐng Bǐtè xiānsheng shuōshuo wǒ·men·de xiǎngfǎ。

Brown: Ok, please ask Mr. Peter to tell you our thonghts.

彼特：我们即将推出一款设计新颖独特的电热水壶，想通过广告宣传，达到激起顾客的购买欲并打开中国市场之目的。

Bǐtè：Wǒ·men jíjiāng tuīchū yì kuǎn shèjì xīnyǐng dútè·de diànrèshuǐhú, xiǎng tōngguò guǎnggào xuānchuán, dádào jīqǐ gùkè·de gòu mǎiyù bìng dǎkāi Zhōngguó shìchǎng zhī mùdi。

Peter: We are going to put our new design thermos into the market and want to increase sales, and open china market by advertising.

布朗：这就是我们选择广告公司的目的。

Bùlǎng：Zhè jiùshì wǒ·men xuǎnzé guǎnggào gōngsī·de mùdi。

Brown: Yes, that's why we need advertising agency.

叶维东：现在市面上很多同质化的产品，不知你们这款电热水壶的独特新颖表现在哪里？

Yè Wéidōng：Xiànzài shìmiàn shang hěnduō tóngzhìhuà·de chǎn pǐn, bù zhī nǐ·men zhè kuǎn diànrèshuǐhú·de dútè xīnyǐng biǎoxiàn zài nǎ·li?

Ye Weidong: Now, you know that there are these kinds of products in the market; I want to know why are your thermos special.

彼特：这在我们的产品说明书上都有明确的说明。

Bǐtè：Zhè zài wǒ·men·de chǎnpǐn shuōmíngshū shang dōu yǒu míng què·de shuōmíng。

Peter: Well, you can find detailed information in the illustration.

布朗：对，你们要把我们这款产品的特色与优势通过创意，用一种最适合的方式表现出来。

Bùlǎng：Duì, nǐ·men yào bǎ wǒ·men zhè kuǎn chǎnpǐn·de tèsè yǔ yōushì tōngguò chuàngyì, yòng yì zhǒng zuì shìhé ·de fāngshì biǎoxiàn chūlai。

Brown: Yes, please think a creative way to describe good features of our products.

叶维东：没错，这是我们的专长。

Yè Wéidōng：Méicuò, zhèshì wǒ·men·de zhuāncháng。

Ye Weidong: Yes, we are specialized in that.

布朗：不过，现在很多广告都是一个样子，不是名人就是美女，没有什么新意。

Bùlǎng：Búguò, xiànzài hěnduō guǎnggào dōu shì yí gè yàng·zi, bú shì míngrén jiù shì měinǚ, méiyǒu shén·me xīnyì。

Brown: Well, you know, advertisement today looks the same; either by beauty norby famoas person, nothing is creative.

叶维东：选择什么诉求方式和传播途径都得看具体的广告对象，不能一概而论。

Yè Wéidōng：Xuǎnzé shén·me sùqiú fāngshì hé chuánbō tújìng dōu děi kàn jùtǐ·de guǎnggào duìxiàng, bùnéng yí gài ér lùn。

Ye Weidong: The advertising stratgy is mainly base on target customers, different customers, different way to advertise.

彼特：我们强调的是广告信息的表达方式，因为这很大程度上决定着广告的效果。

Bǐtè：Wǒ·men qiángdiào·de shì guǎnggào xìnxī·de biǎodá fāngshì,

yīnwéi zhè hěn dà chéngdù shang juédìng ·zhe guǎnggào ·de
xiàoguǒ。

Peter: Our main concern is how you tell customers about our information to achive the best vesults.

叶维东：我们可以采用多种广告媒体予以推广。

Ye Weidong: Wǒ·men kěyǐ cǎiyòng duō zhǒng guǎnggào méitǐ yúyǐ
tuīguǎng。

Ye Weidong: Well, we can make use of many kinds of media to help us.

布朗：那就请你们拟一份广告策划和预算吧，希望你们成功。

Bùlǎng: Nàjiù qǐng nǐ·men nǐ yí fèn guǎnggào cèhuà hé yùsuàn·ba,
xīwàng nǐ·men chénggōng。

Brown: Good, I think you can draw up an advertising planning and budget. May you success!

练习 Exercises

1. 听力

Listening

布　朗：叶先生，我们想选家合适的专业公司长期代理广告业务，此前谈了几家，都不是特别满意，但愿你们不会让我失望。

叶维东：我想，不会让您失望的，可能还会让您有更多的惊喜。

布　朗：为什么？

叶维东：我们的品牌传播和行销策划能力在业界是享有盛誉的，与多家世界级品牌合作的成果就是明证。

布　朗：你们有这方面的书面材料吗？

赵　梅：有，这份材料请您过目。

布　朗：这上面都是成功的案例吗？

赵　梅：是的，这只是与您公司类似的部分案例。

2. 字词训练

Words and expressions

广告　guǎnggào　　　　　　　to market
策划　cèhuà　　　　　　　　advertisement

传播	chuánbō	specialty
营销	yínxiāo	budget
盛誉	shèngyù	reputation
书面	shūmiàn	planning
案例	ànlì	to spread
创意	chuàngyì	paper/written
专长	zhuāncháng	media
新意	xīnyì	novelty
途径	tújìng	to create
媒体	méitǐ	case
预算	yùsuàn	way

3. 回答问题（根据课文内容回答下列问题）

Questions（answer the following questions according to the text）

（1）为什么叶维东说他们可能会给布朗带来更多惊喜？

（2）彼特和布朗照广告公司的目的是什么？

（3）布朗认为现在广告的缺点是什么？

（4）针对彼特强调广告信息的表达方式，叶维东打算采取什么方式
　　 满足其要求？

4. 选择正确的词语

Choose the right words

（1）（　　）

　　A. 传搏　　　　B. 满义　　　　C. 惊禧　　　　D. 失望

（2）（　　）

　　A. 才料　　　　B. 案列　　　　C. 类姒　　　　D. 推出

（3）（　　）

　　A. 相法　　　　B. 新颖　　　　C. 市面　　　　D. 信熄

5. 连词成句

Reorder the words to make a correct sentence

(1) 广告业务　我们　选家　专业公司　代理　想　合适的　　长期

(2) 我们的　行销策划　享有盛誉的　品牌传播　在业界　和　是　能力

(3) 产品的　特色　最适合的　我们　表现出来　与　这款　要把　优势　方式　通过创意　用一种

6. 用下列词语造句

Use the words below to make a sentenre

(1) 只要……就　　　　(2) 由于……因此　　　　(3) 与其……不如

7. 选出与括号词语相同的词语

Choose the one with same meaning as the phrase in the bracket

(1) 这本小说（看了一半了），那个剧本我（看过一半）。

　　A. 现在还在看小说，不看剧本了

　　B. 小说剧本都在看

　　C. 现在小说剧本都不看了

　　D. 现在还在看剧本，不再看小说了

(2) 一个人（难免不犯一些错误），我们应该理解这一点。

　　A. 难免犯错误　　　　　　　B. 不会犯错误

　　C. 不应犯错误　　　　　　　D. 不要犯错误

(3) 他也想说几句，可是（不好意思）开口。

　　A. 说的不是好话　　　　　　B. 害羞

　　C. 心眼儿坏　　　　　　　　D. 所说的话不大合适

答案　Answer

2. 广告　guǎnggào　　　　　　advertisement

　　策划　cèhuà　　　　　　　planning

传播	chuánbō	to spread
营销	yínhxiāo	to market
盛誉	shèngyù	reputation
书面	shūmiàn	paper/written
案例	ànlì	case
创意	chuàngyì	to create
专长	zhuāncháng	specialty
新意	xīnyì	novelty
途径	tújìng	way
媒体	méitǐ	media
预算	yùsuàn	budget

3. (1) 我们的品牌传播和行销策划能力在业界是享有盛誉的，与多家世界级品牌合作的成果就是明证。

(2) 我们即将推出一款设计新颖独特的电热水壶，想通过广告宣传，达到激起顾客的购买欲并打开中国市场之目的。

(3) 现在很多广告都是一个样子，不是名人就是美女，没有什么新意。

(4) 我们可以采用多种广告媒体予以推广。

4. (1) D   (2) D   (3) C

5. (1) 我们想选家合适的专业公司长期代理广告业务。

(2) 我们的品牌传播和行销策划能力在业界是享有盛誉的。

(3) 要把我们这款产品的特色与优势通过创意用一种最适合的方式表现出来。

6. (1) 只要你努力学习，就会取得好成绩。

(2) 由于没有准备发言稿，因此他的讲话失败了。

(3) 与其夸夸其谈，不如做点实事。

7. (1) A   (2) A   (3) B

第十七课　建立营销渠道

DìshíqīKè Jiànlì Yíngxiāo qúdào

Lesson Seventeen To Establish
Market Channels

课文名称 Lesson Name	建立营销渠道 Jiànlì yíngxiāo qúdào To establish market channels
简单描述 Brief Introduction	吴伟等人与某电器商洽谈经销业务。 Wú Wěi děng rén yǔ mǒu diànqì shāng qiàtán jīngxiāo yèwù。 Wu Wei and his colleagues discuss distribution and sales plans with businessman of electric goods.
学习目标 Study Objective	如何为合资企业建立营销渠道。 Rúhé wèi hézī qǐyè jiànlì yíngxiāo qúdào。 To learn how the joint venture company establishes market channels.

学习时间 Learning Time	60 分钟 60 fēnzhōng 60 mins
在线课程网址 Online Course	www.publicchinese.com

课文　Text

吴伟：马经理，我们可以参观一下你的店面吗？

Wú Wěi：Mǎ jīnglǐ, wǒ·men kěyǐ cānguān yíxià nǐ·de diànmiàn·ma?

Wu Wei: Manager Ma, May we visit to your shop?

马友利：欢迎！欢迎！

Mǎ Yǒulì：Huānyíng! Huānyíng！

Ma Youli: Welcome!

刘丽：马经理，你们这样的店面是怎样分布的？

Liú Lì：Mǎ jīnglǐ, nǐ·men zhèyàng·de diànmiàn shì zěnyàng fēnbù·de?

Liu Li: Manager Ma, where are there your shops?

马友利：主要分布在全国的大中城市。

Mǎ Yǒulì：Zhǔyào fēnbù zài quánguó·de dàzhōng chéngshì。

Ma Youli: Well, they are mainly in the large and medium size cities in China.

吴伟：你们还想继续扩张吗？

Wú Wěi：Nǐ·men hái xiǎng jìxù kuòzhāng·ma?

Wu Wei: Do you intend to expand your business?

马友利：有这样的计划。

Mǎ Yǒulì：Yǒu zhèyàng·de jìhuà。

Ma Youli: Yes, we have such a plan.

吴伟：你们现在代理了多少家的电器产品？

Wú Wěi：Nǐ·men xiànzài dàilǐ·le duōshao jiā·de diànqì chǎnpǐn?

Wu Wei: How many companies do you sell the electric appliances for?

马友利：五六家吧，我们代理的都是国内名牌产品。

Mǎ Yǒulì：Wǔ liù jiā·ba, wǒ·men dàilǐ·de dōu shì guónèi míngpái chǎnpǐn。

Ma Youli: Five to Six, all are domestic famous brands.

吴伟：你们的获利能力和收现能力怎么样？

Wú Wěi：Nǐ·men·de huòlì nénglì hé shōuxiàn nénglì zěn·meyàng?

Wu Wei: How's the inrestment return?

马友利：我们都很满意。

Mǎ Yǒulì：Wǒ·men dōu hěn mǎnyì。

Ma Youli: We are very satisfied with them.

吴伟：你们还想代理其他的品牌吗？

Wú wěi：Nǐ·men hái xiǎng dàilǐ qítā·de pǐnpái·ma?

Wu Wei: Do you want to sell another brand products as well?

马友利：如果条件合适，我们希望能和更多的品牌合作。

Mǎ Yǒulì：Rúguǒ tiáojiàn héshì, wǒ·men xīwàng néng hé gèngduō·de pǐnpái hézuò。

Ma Youli: If we bave chances we wish to cooperate with more brands compnnies.

吴伟：我想请你们公司作为我们的代理商。

Wú Wěi：Wǒ xiǎng qǐng nǐ·men gōngsī zuò wéi wǒ·men·de dàilǐ shāng。

Wu Wei: Are you interested in being our agent?

马友利：您为什么会看中我呢？

Mǎ Yǒulì：nín wèi shén·me huì kànzhòng wǒ·ne?

Ma Youli: Why do you choose our company as your agent?

吴伟：我考查过你们公司，信誉好，员工素质高，且有不俗的业绩。

Wú Wěi：Wǒ kǎochá guo nǐmen gōngsī, xìnyù hǎo, yuángōng sùzhì gāo, qiě yǒu bù sú·de yèjì。

Wu Wei: We have reviewed you company. You have a very good reputation, with high–quality employees and have a good tumover.

马友利：您对我们的营销能力很有信心呀。

Mǎ Yǒulì：Nín duì wǒ·men·de yíngxiāo nénglì hěn yǒu xìnxīn·ya。

Ma Youli: You are so cenfidence in our sales ability?

吴伟：是的，但愿我们能有成功的合作。

Wú Wěi: Shì·de, dànyuàn wǒ·men néng yǒu chénggōng·de hézuò.

Wu Wei: Yes, wish us have a very successful cooperation.

练习 Exercises

1. 听力

Listening

吴　伟：马经理，我们可以参观一下你的店面吗？

马友利：欢迎！欢迎！

刘　丽：马经理，你们这样的店面是怎样分布的？

马友利：主要分布在全国的大中城市。

吴　伟：你们还想继续扩张吗？

马友利：有这样的计划。

吴　伟：你们现在代理了多少家的电器产品？

马友利：五六家吧，我们代理的都是国内名牌产品。

2. 字词训练

Words and expressions

店面	diànmiàn	choose
分布	fēnbù	saler
扩张	kuòzhāng	expend
获利	huòlì	distribute
看中	kànzhòng	achievement
考查	kǎochá	shop
业绩	yèjì	profitability
营销	yíngxiāo	review

3. 回答问题（根据课文内容回答下列问题）

Questions (answer the following questions according to the text)

（1）电器商马友利的店面是怎么样分布的？

(2) 马友利的公司代理了多少家电器产品?

(3) 吴伟的公司为什么会选中马友利的公司代理他们的产品呢?

4. 词语搭配

Matching exercise

A. 扩张　　　　　　G. 惊人

B. 获利　　　　　　H. 合适

C. 考查　　　　　　I. 店面

D. 业绩　　　　　　J. 丰厚

E. 条件　　　　　　K. 产品

F. 代理　　　　　　L. 公司

5. 选择注音正确的词语

Choose the right Pinyin

(1) (　　)

　　A. 店面　diànmīan　　　　　B. 分布　fēnbù

　　C. 扩张　kuòzhāng　　　　　D. 计划　jìhuà

(2) (　　)

　　A. 代理　dāilǐ　　　　　　　B. 品牌　pǐnpai

　　C. 获利　huòlì　　　　　　　D. 满意　mǎnyì

(3) (　　)

　　A. 合适　héshì　　　　　　　B. 信誉　xìnyū

　　C. 素质　sùzì　　　　　　　　D. 业绩　yēǐ

6. 选词填空

Choose the right one to complete the sentence.

(1) 这个问题不难,你只要好好想想,(　　)答不上来。

　　A. 不对于　　　B. 没至于　　　C. 不关于　　　D. 不至于

(2) 做饭没有刀怎么行,我给你买(　　)刀吧。

　　A. 一片　　　B. 一个　　　C. 一把　　　D. 一只

(3) 小王看见一个戴眼镜的老师正在跟许多学生(　　)有关考试的问题。

　　A. 谈了　　　B. 谈谈　　　C. 谈　　　D. 谈一谈

7. 找出没有语病的一句

Choose the right one

(1) (　　)

    A. 他把游泳过了。

    B. 我们全班的学生都把这条意见赞成。

    C. 政府没把这条路规划建设。

    D. 昨天他把钱包弄丢了。

(2) (　　)

    A. 你快替我把这封信寄走。   B. 我把这个科研规划看见了。

    C. 谁也没有把这个人主张同意。 D. 这个学校对教育部属于。

(3) (　　)

    A. 我放信封在桌子上。   B. 谁也不想把她吃亏。

    C. 学院决定把会议推后一天召开。

    D. 舞台上演员的演出感动了观众。

答案　Answer

2. 店面　diànmiàn　　　　　　shop

   分布　fēnbù　　　　　　　distribute

   扩张　kuòzhāng　　　　　expend

   获利　huòlì　　　　　　　profitability

   看中　kànzhòng　　　　　choose

   考查　kǎochá　　　　　　review

   业绩　yèjì　　　　　　　achievement

   营销　yíngxiāo　　　　　sale

3. (1) 主要分布在全国的大中城市。

   (2) 五六家。

   (3) 考查过你们公司,信誉好,员工素质高,且有不俗的业绩。

4. AI　BJ　CL　DG　EH　FK

5. (1) B　(2) D　(3) A

6. (1) D　(2) C　(3) C

7. (1) D　(2) A　(3) C

第十八课　座谈会

Dìshíbākè Zuòtánhuì

Lesson Eighteen A Formal Discussion Meeting

课文名称 Lesson Name	座谈会 zuòtánhuì A formal discussion meeting
简单描述 Brief Introduction	布朗与管理代表座谈。 Bùlǎng yǔ guǎnlǐ dàibiǎo zuòtán。 Brown and other top managers are in a formal discussion meeting.
学习目标 Study Objective	如何通过座谈解决问题。 Rúhé tōngguò zuòtán jiějué wèntí。 To learn how to solve the problems by a formal discussion meeting.

学习时间 Learning Time	60 分钟 60 fēnzhōng 60 mins
在线课程网址 Online Course	www.publicchinese.com

课文　Text

布朗：彼特，你和刘丽都准备好了吗？

Bùlǎng：Bǐtè, nǐ hé Liú Lì dōu zhǔnbèi hǎo·le·ma?

Brown: Peter, Liu Li, are you get it ready?

彼特：准备什么？

Bǐtè：Zhǔnbèi shén·me?

Peter: Ready for what?

布朗：座谈会的相关资料。

Bùlǎng：Zuòtánhuì·de xiāng guān zīliào。

Bùlǎng：Meeting documents.

刘丽：我俩已作好充分的准备了。

Liú Lì：Wǒ liǎ yǐ zuò hǎo chōngfēn·de zhǔnbèi·le。

Liu Li: Yes, we have got everything ready.

吴伟：哎呀，都夫唱妇随了呀。

Wú Wěi：āi·ya, dōu fū chàng fù suí·le·ya。

Wu Wei: Ha, your couple sing the same song.

刘丽：吴总，你又开玩笑了。

Liú Lì：Wú zǒng, nǐ yòu kāi wánxiào·le。

Liu Li: Mr. Wu, you must be kidding.

吴伟：彼特，代表都到齐了吗？

Wú Wěi：Bǐtè, dàibiǎo dōu dào qí·le·ma?

Wu Wei: Peter, are all every representative here?

彼特：都在等我们开会了。

Bǐtè：Dōu zài děng wǒ·men kāihuì·le。

125

Peter: Yes, they are all waiting for us.

布朗：好，我们去开会吧。

Bùlǎng：Hǎo, wǒ·men qù kāihuì·ba。

Brown:Good, let's have our meeting.

彼特：大家好，座谈会开始吧。

Bǐ tè：Dàjiā hǎo, zuòtánhuì kāishǐ·ba。

Peter: Good morning everyone, now the symposium is beginning.

布朗：今天的座谈的主题是如何开好即将到来的年终经销商大会，你们畅所欲言，各抒己见。

Bùlǎng：Jīntiān·de zuòtán·de zhǔtí shì rúhé kāi hǎo jíjiāng dàolái·de niánzhōng jīngxiāoshāng dàhuì, nǐ·men chàng suǒ yù yán, gè shū jǐjiàn。

Brown: Today, our topic is how to organize Year-End Franchisers'Meeting. You can say what you want to say and express your own views.

吴伟：我们的产品能够这么快打开中国市场，经销商是有功之人，年终的经销商大会应该以表彰为主，对有突出贡献的经销商予以表彰。

Wú Wěi：Wǒ·men·de chǎnpǐn nénggòu zhè·me kuài dǎkāi Zhōngguó shìchǎng, jīngxiāoshāng shì yǒu gōng zhī rén, niánzhōng de·jīngxiāoshāng dàhuì yīnggāi yǐ biǎozhāng wéi zhǔ, duì yǒu tūchū gòngxiàn·de jīngxiāoshāng yǔyǐ biǎozhāng。

Wu Wei: Our franchisers had excellent performance to open china market, we shall give rewards to outstanding distributors in the year−End Franchisers meeting.

科比：大会的主要目的是充分的沟通与交流，我们要将尽量多的信息让大家共享。

Kēbǐ：Dàhuì·de zhǔyào mùdì shì chōngfèn·de gōutōng yǔ jiāoliú, wǒ·men yào jiāng jìnliàng duō·de xìnxī ràng dàjiā gòngxiǎng。

Corby: We will proride erery one as much information as possible. The main purpose is communication.

李海：我认为在会上要将我们公司最近推出的新产品、新技术作个说明，让经销商心里有底，能更好地宣传推广我们的产品。

Lǐ Hǎi：Wǒ rènwéi zài huì shang yào jiāng wǒ·men gōngsī zuìjìn tuīchū·de xīn chǎnpǐn、xīn jìshù zuò gè shuōmíng, ràng jīngxiāoshāng xīnlǐ yǒu dǐ,néng gènghǎo·de xuānchuán tuīguǎng wǒ·mén·de chǎnpǐn。

Li Hai: I think we'd better select two franchisers to give us a speech in the meeting so that they can exchange the experience.

布朗：两位经理都说得有道理，你们都准备一个讲话材料，到时作个报告。

Bùlǎng：Liǎng wèi jīnglǐ dōu shuō dé yǒu dàolǐ, nǐ·men dōu zhǔnbèi yí ge jiǎnghuà cáiliào,dào shí zuò gè bàogào。

Brown: Well, what the two managers said is very reasonable. Would you prepare some materials for speech in the meeting? You can give us a report in the meeting.

彼特：我认为还要选出两位有突出贡献的经销商代表讲话，互相交流经验。

Bǐtè：Wǒ rènwéi hái yào xuǎnchū liǎngwèi yǒu tūchū gòngxiàn·de jīngxiāoshāng dàibiǎo jiǎnghuà,hùxiāng jiāoliú jīngyàn。

Peter: I think we'd better choose from the franchisers two outstanding ones to speak on the meeting so that they can exchange the experiences.

吴伟：没错，这也是一个重点，这项工作由市场管理部去执行吧。

Wú Wěi：Méi cuò, zhè yě shì yí ge zhòngdiǎn, zhè xiàng gōngzuò yóu shìchǎngguǎnlǐbù qù zhíxíng·ba。

Wu Wei: That's right, it's a every important too Let Market Management Department to in charge of it.

王华英：我提议，为了扩大我们的影响，这次经销商大会要放到有名的大宾馆去开，邀请一些主流媒体采访。

Wáng Huáyīng：Wǒ tíyì,wèi·le kuòdà wǒ·men·de yǐngxiǎng,zhècì jīngxiāoshāng dàhuì yào fàngdào yǒumíng·de dà bīnguǎn qù kāi, yāoqǐng yì xiē zhǔliú méitǐ cǎifǎng。

Wang Huaying: In order to expand our influence, I propose, we hold the meeting in a big and famous hotel and invite some influential medias to attend, too.

布朗：这个提议很好，这个由你去协助广告宣传部去执行吧。大家集思广益，群策群力，我们的大会一定会开得很成功。

Bùlǎng：Zhè ge tíyì hěnhǎo, zhè ge yóu nǐ qù xiézhù guǎnggào xuān
Chuán bù qù zhíxíng·bā。Dà jiā jísī guǎng yì, qún cè qún lì, wǒ·men·de
dàhuì yí dìng huì kāi·de hěn chénggōng。

Brown: Good idea! So would you assist the Publicity Department to carry it out? With our wisdom and joint effort, I believe it will be successful meeting.

吴伟：预祝年终经销商大会圆满成功。

Wú Wěi：Yùzhù niánzhōng jīngxiāoshāng dàhuì yuánmǎn chéng
gōng。

Wu Wei: Yes. Wish the Year-End Franchisers' meeting success!

练习　Exercises

1. 听力

Listening

布朗：彼特，你和刘丽都准备好了吗？

彼特：准备什么？

布朗：座谈会的相关资料。

刘丽：我俩已作好充分的准备了。

吴伟：哎呀，都夫唱妇随了呀。

刘丽：吴总，你又开玩笑了。

吴伟：彼特，代表都到齐了吗？

彼特：都在等我们开会了。

布朗：好，我们去开会吧。

2. 字词训练

Words and expressions

座谈	zuòtán	key issue
主题	zhǔtí	invite
即将	jíjiāng	impend

表彰	biǎozhāng	symposium
报告	bàogào	carry out
重点	zhòngdiǎn	commendation
执行	zhíxíng	topic
邀请	yāoqǐng	success
圆满	yuánmǎn	report

3. 回答问题（根据课文内容回答下列问题）

Questions（answer the following questions according to the text）

（1）谁为座谈会准备资料？

（2）座谈会的主题是什么？

（3）"夫唱妇随"在文中是什么意思？

4. 选出书写正确的词语

Choose the right words

（1）（   ）

　　A. 坐谈会　　B. 夫唱妇遂　　C. 既将到来　　D. 畅所欲言

（2）（   ）

　　A. 各纾己见　　B. 表章　　　　C. 贡献　　　　D. 信熄

（3）（   ）

　　A. 员满　　　　B. 邀清　　　　C. 胁助　　　　D. 重点

5. 连词成句

Reorder the words to make a correct sentence

（1）经销商大会　是　今天的　如何　开好　年终　座谈的　即将
　　到来的　主题

（2）年终的　为主　经销商大会　表彰　应该　以

（3）我认为　讲话　还要　有　经销商代表　选出突出贡献的
　　两位

6. 连接词语

   Matching exercise

   A. 影响   B. 夜色
   C. 值得   D. 场面
   E. 降临   F. 深远
   G. 仪式   H. 持续
   I. 隆重   J. 祈求
   K. 发展   L. 欣赏
   M. 壮观   N. 吉祥

7. 给句子后面所给的词语选择一个恰当的位置，从A、B、C、D中

   (1)（   ）

   　　我A受不了B每次C一动不动地D坐两个钟头。（可）

   (2)（   ）

   　　A一个女同志热情地B介绍了C汽车制造厂的生产情况D。（给我们）

   (3)（   ）

   　　那天A我们医学院的学生到了医院，B一位老大夫C给他们C作了介绍。（立刻就）

答案　Answer

2. 座谈　　zuòtán　　　　　symposium
   主题　　zhǔtí　　　　　　topic
   即将　　jíjiāng　　　　　impend
   表彰　　biǎozhāng　　　　commendation
   报告　　bàogào　　　　　report
   重点　　zhòngdiǎn　　　　key issue
   执行　　zhíxíng　　　　　carry out
   邀请　　yāoqǐng　　　　　invite
   圆满　　yuánmǎn　　　　　success

3.（1）彼特和刘丽。
　（2）如何开好即将到来的年终经销商大会。

（3）本指夫妻和睦，比喻步调一致。

4.（1）D　（2）C　（3）D

5.（1）今天的座谈的主题是如何开好即将到来的年终经销商大会。

　　（2）年终的经销商大会应该以表彰为主。

　　（3）我认为还要选出两位有突出贡献的经销商代表讲话。

6. AF　CL　BE　GI　HK　JN　DM

7.（1）A　（2）B　（3）C

图书在版编目（CIP）数据

商务汉语＝Business Chinese／大众中文网教材编委会编. —长沙：湖南科学技术出版社，2007.4
（大众中文学习系列教材）
ISBN 978－7－5357－4892－8

Ⅰ.商… Ⅱ.大… Ⅲ.商务－汉语－对外汉语教学－教材 Ⅳ.H195.4

中国版本图书馆 CIP 数据核字(2007)第 048965 号

商务汉语（高级）

编　　写：大众中文网教材编委会
责任编辑：刘堤地
出版发行：湖南科学技术出版社
社　　址：长沙市湘雅路 276 号
　　　　　http://www.hnstp.com
邮购联系：本社直销科　0731－4375808
印　　刷：湖南新华印刷集团有限责任公司(邵阳)
　　　　　(印装质量问题请直接与本厂联系)
厂　　址：邵阳市东大路 776 号
邮　　编：422001
出版日期：2007 年 5 月第 1 版第 1 次
开　　本：850mm×1168mm　1/32
印　　张：4.5
字　　数：150000
书　　号：ISBN 978－7－5357－4892－8
定　　价：002000